CAUSES CÉLÈBRES

DU

NORD ET DU PAS-DE-CALAIS.

SECONDE ÉDITION.

DOUAI

L. CRÉPIN, éditeur, 32, rue des Procureurs.

1863.

DOUAI.—IMP. DE L. CRÉPIN.

CAUSES CÉLÈBRES

DU NORD ET DU PAS-DE-CALAIS.

COUR D'ASSISES DU NORD (DOUAI).

AFFAIRE DITE LE MAUVAIS GRÉ.

JOSEPH POTIER & CHARLES HOEZ

Présidence de M. De Guerne.

Audiences des 10 et 11 février 1863.

Accusation d'assassinat. — Préméditation et guet-à-pens. — Mauvais gré. — Horrible mutilation. — Condamnation pour meurtre.

Cette affaire, la dernière de la session, occupe depuis longtemps l'opinion publique et l'on s'explique ainsi facilement la foule immense qui encombre de bonne heure les abords de la Cour d'assises. Dès que l'ordre d'ouvrir les portes est donné, un grand nombre de dames envahissent la tribune supérieure, et la salle elle-même est bientôt occupée et littéralement remplie. Un grand nombre de personnes avides de suivre ces débats ne peut trouver place, et les factionnaires de service ont la plus grande peine à exécuter leur consigne.

Le crime est, dit-on, épouvantable dans ses détails, et le mobile qui aurait poussé les accusés serait presque sans intérêt pécuniaire. Le bruit a été répandu que l'expulsion d'un fermier par un autre aurait déterminé le crime et que le nouveau locataire aurait été la victime du fermier dépossédé. Le prix du fermage aurait été augmenté de deux francs cinquante centimes seulement à la mesure. On s'attend à de vives et longues luttes oratoires, et la réputation justement acquise du ministère public et des avocats en cause explique la présence d'un nombreux public exceptionnel de dames et de fonctionnaires. — Toutes les places réservées sont envahies. — On remarque des dames jusque dans la chambre du conseil.

La Cour ouvre son audience à dix heures précises.

On procède au tirage du jury du jugement. Deux jurés supplémentaires, vu la longueur des débats, sont adjoints aux douze jurés.

La Cour s'adjoint à elle même un conseiller supplémentaire.

M. le procureur-général PINARD occupe le fauteuil du ministère public; il est assisté de M. MANGIN DE BIONVAL, substitut.

Au banc de la défense sont assis Mes EMILE FLAMANT et GUSTAVE HATTU.

Les deux accusés sont d'un extérieur simple. Ils sont vêtus de noir. Hoez porte à la boutonnière la médaille d'Italie. Rien n'annonce dans leur tenue la violence des passions.

Potier est chauve et la hauteur de son front découvert lui donne une certaine distinction. Il porte de petits favoris.

Hoez a la figure franche et ouverte. Il a les allures un peu brusques. Il sort du deuxième régiment du génie.

MM. les jurés prêtent serment.

M. le président engage les deux accusés à être attentifs à la lecture de l'arrêt de renvoi et de l'acte d'accusation qui est donnée par M. le greffier Dupuis.

ACTE D'ACCUSATION.

Le procureur-général impérial près la Cour impériale de Douai,

Vu l'arrêt de la Cour chambre des mises en accusation, en date du 15 janvier 1863, par lequel les nommés Pierre-Joseph Potier *dit* Jacques, cultivateur, né à Ewars le 25 mars 1817, domicilié à Ewars, et Charles-Désiré Polycarpe Hoez *dit* Sondart *dit* Ch'Coq, charpentier, né à Ewars le 26 jan vier 1835, domicilié à Ewars, ont été mis en accusation et renvoyés devant les assises du Nord ;

Vu l'article 241 du code d'instruction criminelle déclare que de la procédure résultent les faits suivants :

Il existe dans certaines communes de l'arrondissement de Cambrai un usage abusif connu sous le nom de *mauvais gré*. Les terres sujettes au mauvais gré sont tenues en location par certaines familles qui s'y succèdent de père en fils, en prétendant avoir le privilége exclusif de les faire valoir. Le propriétaire se trouve ainsi obligé à leur laisser ses terres à un prix inférieur à leur valeur réelle, car elles sont frappées d'interdit, et l'étranger qui, en offrant au propriétaire un prix plus élevé, réussirait à supplanter l'ancien fermier, s'attirerait la haine irréconciliable de celui-ci et de toute sa famille. C'est à un mobile de cette nature qu'il faut attribuer le crime commis sur la personne du sieur Deneubourg, dans les circonstances qui vont être exposées.

Le 24 septembre dernier, le sieur Ribeauville, propriétaire à Dechy, avait donné rendez-vous, à Cambrai, au cabaret de la *Trompette*, à plusieurs de ses fermiers pour renouveler leurs baux. Parmi eux se trouvait le nommé Joseph Potier, cultivateur à Ewars. Il arriva à Cambrai en compagnie du sieur Deneubourg et de plusieurs autres fermiers du sieur Ribeauville ; celui-ci, lorsque la réunion fut complète, demanda à ses fermiers une augmentation de 5 fr. à la mencaudée (33 ares 46 centiares), tous se récrièrent contre cette prétention ; mais le propriétaire ayant consenti à réduire cette augmentation à 2 francs 50 c., ils cédèrent à l'exception de Potier qui s'obstina à refuser, prétendant que la terre qu'il occupait n'avait pas la contenance indiquée au bail. On chercha à vaincre sa résistance. Le sieur Ribeauville, sur la demande de Delfolie, son receveur de rentes, consentit même à n'exiger qu'une augmentation de 50 c., tout fut inutile, et il ne se présenta pas devant le notaire pour renouveler son bail. Deneubourg offrit alors de reprendre sa terre se proposant de la lui remettre s'il le désirait ; effectivement après avoir signé il lui fait part de ce qu'il venait de faire et de son intention de lui retrocéder son marché, mais Potier refusa tout. Deneubourg lui dit qu'il lui donnait 15 jours pour réfléchir et il retourna chez lui en compagnie de Delfolie. Vers le soir, ils s'arrêtèrent au cabaret de la *Montagne*, chez le sieur Lerouge, à Ramillies, après y être resté quelque temps, ils se disposaient à sortir lorsque Potier y arriva dans un état d'exaspération extrême, et passa près de Delfolie en le coudoyant sans lui parler et s'adressant à Deneubourg, il le traita de grossier personnage, de canaille, de j..., f.... et lui reprocha la conduite qu'il avait tenue au sujet de sa terre. Celui-ci lui réitéra l'offre qu'il lui avait déjà faite, mais Potier la rejeta et tout en buvant avec Deneubourg continua ses récriminations. Delfolie les quitta alors pour se rendre au cabaret de Gresillon qui n'est qu'à une très petite distance de celui de Lerouge. Le sieur Gresillon donnait ce soir là à boire aux ouvriers qui avaient contribué à l'achèvement d'une grange qu'il venait de faire construire, parmi eux se trouvait Charles Hoez, neveu de Potier, qui

devait reprendre toutes les terres qu'occupait son oncle lorsque celui-ci, comme il en avait déjà manifesté l'intention, abandonnerait sa culture pour venir se fixer à Cambrai. Outre le regret de voir la terre que Deneubourg venait de reprendre lui échapper, Charles Hoez avait un autre motif d'animosité contre ce dernier, il avait en effet, à plusieurs reprises, adressé inutilement des propositions de mariage à une jeune fille d'Ewars avec laquelle Deneubourg entretenait des relations intimes. Delfolie en entrant parla du bail que Deneubourg venait de conclure. Il engagea Potier fils, qui se trouvait aussi chez Gresillon à aller au cabaret de la *Montagne* retrouver son père qui pourrait bien, disait-il, avoir des relations avec Deneubourg. Charles Hoez, en entendant Delfolie, dit au nommé Decarpigny qui venait de s'asseoir près de lui : « Je croyais avoir cette terre, je ne l'aurai pas » c'est l'autre qui l'aura, je vais lui en f..... une dont il se » souviendra. » Son oncle, Prosper Hoez, qui était assis à la même table que lui et n'en était séparé que par un ouvrier nommé Ségard, se pencha alors, et lui dit : « Va » voir au cabaret de la *Montagne* s'il y est encore et tu » viendras me dire quoi, car il ne faut pas y aller seul de » crainte de le manquer. » Charles répliqua à demi-voix en se levant : « S'il y est encore, nous allons lui en donner » une que le diable aura pitié de sa peau, » et il sortit aussitôt avec son cousin Potier.

En arrivant au cabaret de la *Montagne* ils se mirent à côté des autres buveurs et on continua à parler de ce qui s'était passé dans la journée ; au bout de quelques instants Potier se retournant vers son fils, l'engagea de retourner à Cambrai pour ne pas faire attendre sa femme qui devait se trouver au *Pont d'Erre* ; celui-ci se leva pour partir, Charles Hoez en fit autant et Potier père les accompagna jusqu'en dehors de la porte où ils restèrent quelques instants ensemble sans qu'on put entendre ce qu'ils se disaient. Puis Potier père rentra et Deneubourg étant sorti un instant avec un autre buveur, le nommé Huart. La cabaretière entendit Potier père, qui était resté seul avec elle, dire avec un geste menaçant : « Tu ne t'attends pas à ce qui va t'arriver tout » à l'heure en retournant. »

Vers dix heures moins quelques minutes, Potier, Deneubourg et Huart quittèrent le cabaret de la *Montagne*. Potier s'arrêta un instant pour uriner, Deneubourg qui causait avec Huart l'appela en lui disant de l'attendre, Potier répondit : Je suis ici. Huart quitta alors Deneubourg qui dut rejoindre Potier presqu'aussitôt et faire route avec lui.

Charles Hoez en quittant le cabaret de la *Montagne* s'était séparé de Potier fils qui avait repris le chemin de Cambrai, il retourna au cabaret de Gresillon où il avait laissé son oncle Prosper Hoez.

Avant qu'il n'y rentrât, ceux qui s'y trouvaient entendirent un bruit semblable a celui d'un objet lourd qui tombe, ils sortirent pour savoir ce que c'était, et ils trouvèrent devant la porte Prosper qui était sorti quelques instant auparavant, sans dire où il allait, et près de lui Charles qui venait le long de la maison du lieu on se trouvaient placées un tas de tra-

erses en bois servant à la construction d'un bal champêtre.
Tous deux prétendirent qne le bruit qu'on venait d'entendre
avait été causé par des moutons que l'orage effrayait, mais
personne ne crut à cette explication et le lendemain on se
rappela ce fait lorsqu'on sut que Deneubourg avait été assassiné à l'aide d'une de ses traverses en bois.

Lorsqu'on fut rentré dans le cabaret, on remarqua que
Charles Hoez avait la figure bouleversée au point que la cabaretière lui demanda s'il venait de se battre, elle l'engagea
ainsi que Prosper à attendre leurs camarades qui soupaient,
mais ils répondirent qu'ils étaient percés et tous deux se re-
tirèrent. Vingt-cinq minutes après que Deneubourg et Potier
étaient sortis de chez Lerouge, ce dernier était occupé à
coller de la bière dans sa cave, lorsqu'il entendit dans la
rue des pas précipités, c'était Potier dont il reconnut parfaitement la voix qui paraissait interpeller quelqu'un : « Avance,
si tu as du courage, seriez-vous six ou dix, je ne vous crains
pas. » Il alla ensuite répéter les mêmes cris devant la maison d'Antoine Lerouge, frère du cabaretier, où, de même
que chez Lerouge, on voyait encore de la lumière.

A peu près vers le même moment il se présenta chez le
sieur Vasseur, maire de Ramillies, qu'il réveilla en frappant
violemment à sa porte, il lui déclara que s'en retournant avec
Deneubourg ils avaient été assaillis par quatre ou cinq individus armés de triques, qui les avaient roués de coups.
Qu'après avoir été frappé sur le dos et sur les jambes, il
s'était sauvé à travers un champ de betteraves et qu'il craignait
que Deneubourg ne fut resté sur le carreau. Le sieur Vasseur lui prêta un baton et l'envoya chez le garde. Potier s'y
rendit effectivement, raconta au garde l'attaque dont il prétendait avoir été l'objet et lui demanda de venir avec lui à
la recherche de Deneubourg.

Le garde et son fils l'accompagnèrent sur la route et à
300 mètres environ de la dernière maison du village ils
trouvèrent, sur la route, le cadavre de Deneubourg, ils re-
vinrent alors chez Gresillon, et Potier dit qu'il était un homme perdu, qu'il avait reçu tant de coups qu'il n'en reviendrait pas, Il paraissait ne pouvoir plus se soutenir et il tenait ses deux mains appuyées sur son côté comme s'il souffrait beaucoup : Cependant quelques temps après il se leva
pour retourner chez lui, et comme la femme Gresillon lui
faisait observer qu'avec ses douleurs, il ne pourrait pas re-
gagner sa maison, il répondit qu'il ne ressentait presque plus
rien. Ses explications parurent suspectes, le garde-champêtre l'avait visité et n'avait trouvé aucune trace des coups
qu'il prétendait avoir reçus.

On était surpris qu'en courant la nuit dans un champ de
betteraves il ne fut pas tombé, et que son pantalon n'eut
pas été mouillé et sali par les feuilles de betteraves. aussi le
garde-champêtre voulut-il l'accompagner pour être sûr qu'il
se représenterait.

Le lendemain, la justice informée de ce crime, se trans-
porta à Ramillies. Le corps de Deneubourg fut soumis à
l'examen d'un homme de l'art. Il portait sur plusieurs par-
ties des blessures graves, la face surtout était méconnaissa-

ble. Les coups avaient été portés avec une telle violence que
des débris de machoire et de dents étaient épars sur la route,
près du corps on ramassa une traverse en bois d'orme servant à relier les membrures de la charpente du bal champêtre, elle portait incrusté à une de ses extrémités des esquilles d'os et de dents.

Potier fut arrêté et il persista dans le système évidemment
mensonger qu'il avait d'abord adopté. Prosper et Charles
Hoez ont été également mis en état d'arrestation ; mais les
charges n'ont paru suffisantes qu'à l'égard du dernier. Aux
charges déjà si graves qui pèsent sur lui vient s'ajouter la
découverte sur ses vêtements de taches de sang qu'il ne peut
expliquer d'une manière plausible.

En conséquence, lesdits Pierre-Joseph Potier, dit Jacques et Charles-Désiré Polycarpe Hoez sont accusés d'avoir:
Le 24 septembre 1862, sur le territoire de la commune de
Ramillies volontairement homicidé François Deneubourg,
avec les circonstances que ledit homicide volontaire aurait
été commis : 1° Avec préméditation ; 2° avec guet-apens,
ou du moins de s'être à la même époque et au même lieu,
rendu complice de l'homicide volontaire commis le 24 septembre 1862 sur la personne de François Deneubourg, soit
pour avoir par dons, promesses, menaces, abus d'autorité
ou de pouvoir, machinations ou artifices coupables provoqué
à cette action ou donné des instructions pour la commettre,
soit pour avoir procuré des armes, des instruments ou tout
autre moyen qui a servi à l'action, sachant qu'ils devaient
y servir, soit enfin pour en avoir, avec connaissance, aidé
ou assisté l'auteur ou les auteurs dans les faits qui l'ont pré-
paré on facilité ou dans ceux qui l'ont commis, avec les circonstances que ledit homicide volontaire aurait été commis :
1° Avec préméditation ; 2° avec guet-apens ; crimes prévus
par les articles 295, 296, 302, 59, 60 du code pénal.

Au parquet de la Cour impériale de Douai, le 15° janvier
1863.

Signé : PINARD.

Il est ensuite procédé à l'appel des témoins qui sont tous
présents ; ils se retirent dans la chambre qui leur est destinée.

M. le Président ordonne que l'on fasse retirer le second
accu-é.

INTERROGATOIRE DE POTIER.

D. Potier, vous êtes fermier de M. de Ribeauville d'une
pièce de terre, au prix de 50 fr. la mesure. Vous êtes allé
le 24 septembre dernier à Cambrai, ainsi que tous les fermiers de M. Ribeauville pour renouveler le bail de vos terres qui finissait ? — R. Oui, monsieur.

D. Vous êtes allé avec les autres au cabaret de la *Trompette*? — R. Oui, monsieur.

D. Là M. Ribeauville vous a dit au lieu de 50 fr. ce sera
55 fr. la mesure ? — R. Oui, monsieur.

D. Vous n'avez pas voulu accepter cette augmentation
de 5 fr. ; vous avez dit que c'était trop ? — R. J'ai dit que
je n'avais la contenance.

D. Bref, M. Ribeauville a réduit l'augmentation à 2 fr.
50 c. , c'était donc 52 fr. 50 c. Tous les autres ont accepté,
vous seul avez refusé, prétendant que n'ayant pas la conte-

nance qui vous était livrée, vous ne deviez pas l'augmentation ? — R. Je consentais à l'augmentation, si la contenance m'était donnée.

D. Enfin, vous avez refusé toute augmentation ; on avait même été jusqu'à la réduire à 50 c. pour vous, alors que les autres avait tous accepté à 52 f. 50, et cela grâce à l'intercession de l'un des fermiers de M. Ribeauville, qui est en même temps l'homme d'affaire de celui-ci, vous n'y avez pas consenti. — R. Il est possible que l'on me l'ait dit, je ne l'ai pas remarqué.

D. Vous avez dit, qu'un centime en plus, vous n'en vouliez pas, voilà ce que vous avez dit.

M. le président fait à ce moment passer à MM. les jurés des plans coloriés dont les indications peuvent faciliter et éclaircir les débats.

M. LE PRÉSIDENT aux défenseurs : Chacun de MM. les défenseurs a reçu un plan semblable. — Signes affirmatifs de Me Flamant et de Me Hattu.

M. LE PRÉSIDENT à l'accusé Potier. Ainsi, vous le reconnaissez, vous avez refusé de passer le bail avec la moindre augmentation ? — R. Je disais à M. Ribeauville, donnez-moi alors ma contenance, et il m'a répondu, si vous avez plus, tant mieux pour vous, si vous avez moins, ce sera tout de même.

D. Mais il vous a répondu aussi, c'est que vous avez laissé empiéter sur vous, car autrement vous auriez votre contenance. Enfin tous les autres fermiers de Ribeauville ont été chez le notaire, tous excepté vous ; votre terre restait alors sans fermier, c'est alors que Deneubourg, un des fermiers de Ribeauville, a dit à ce dernier, eh bien, je vais reprendre cette pièce à 52 fr. 50 c., et quand Potier, ou si Potier la veut, je la lui remettrai ; alors Deneubourg rentra chez le notaire avec Ribeauville, il lui paya le pot-de-vin de 52 fr. 50 c. et le bail fut fait à son nom. Vous reconnaissez que vous n'êtes pas allé chez le notaire ? — R. J'ai été au cabaret où était M. Ribeauville.

D. Oui, vous êtes allé à la *Trompette*, puis vous êtes allé à un second cabaret, à la *Madeleine*, avec les autres ; là, qu'avez-vous dit à Deneubourg ? — R. Je lui ai dit, tu feras comme tu voudras pour la pièce, si tu la prends, tu feras pour un bien.

D. Ce n'est pas ce que vous avez dit au premier abord, et la-dessus vous êtes contredit par tous les témoins, vous avez dit des paroles injurieuses à Deneubourg ? — R. Je lui ai parlé comme je lui parlais d'habitude, je lui ai dit des paroles comme nous nous en disions à l'accoutumée.

D. Comment c'est ainsi que vous lui souhaitez le bonjour d'habitude, en lui disant des injures ? — R. Ce que je lui ai dit je le disais, sans lui vouloir de mal en rien.

D. Est-ce que dans votre pays, quand on cultive une terre, on n'est pas censé avoir dessus un droit de propriété, en quelque sorte ? — R. On n'y a pas d'égards.

D. On n'y a pas égard, dites vous. Est-ce qu'au contraire celui qui est fermier d'une pièce ne la garde pas, défendant à qui que ce soit de la vouloir, de la louer après lui, forçant ainsi le propriétaire à la laisser sans fermier, empêchant tout le monde de la louer, en un mot, est-ce que ce qu'on appelle le mauvais gré n'existe pas dans votre commune ? — R. Mais non, monsieur.

D. Vous avez ensuite, après que les autres fermiers eurent signé chez le notaire, été avec Hoez, Cadet, Desetaux au cabaret de la *Madeleine* ? — R. Oui, monsieur.

D. Delfolie y était aussi. — R. Je ne sais pas, je ne me rappelle pas.

D. C'est là que vous avez appris que Deneubourg avait loué votre pièce. — R. C'est possible.

D. Puis vous avez joué au billon, vous y avez joué jusqu'au soir, jusqu'à 6 ou 7 heures. — R. Pas si tard.

D. Pendant que vous jouiez au billon, tout le monde a remarqué que vous n'étiez pas à votre jeu, que vous étiez distrait, qu'au lieu de jouer vous parliez, à l'un, à l'autre. — R. Mais non, seulement on jouait 3 contre 1, cela ne m'allait pas, et je préférai ne plus jouer ; puis j'ai conté une feinte de marchandise, mais j'avais vraiment donné rendez-vous à une dame de ma connaissance pour retourner à Ewars, je me suis dirigé pour voir si elle m'attendait encore, et comme je ne l'ai pas trouvée, j'ai été les rejoindre à un autre cabaret.

D. Comment, mais pourquoi vous cacher ? — R. Comme au village on ne peut rien faire, que j'avais à garder mon honneur, celui de ma famille, je n'ai pas voulu parler de cette dame.

D. Mais elle a 46 ans, c'est une mère de famille, elle est de la même commune que vous, il n'y a rien là de compromettant, et l'on aurait parfaitement compris que vous l'accompagniez, cela n'engageait nullement votre bonneur.

D. Enfin, vous êtes retourné rejoindre vos camarades au cabaret de Noel, presque au soir ? — R. oui, monsieur.

D Vous êtes ensuite allé à un cabaret de Ramillies. Dans ce cabaret vous avez aperçu Delfolie. Que lui avez-vous dit ? — R. Je lui ai dit : Tiens c'est comme vous qui êtes là.

D. Dans la chambre vous avez ensuite aperçu Deneubourg. Que lui avez vous dit ? — R. Je ne me le rappelle pas.

D. Vous lui avez dit : Tiens c'est vous, ah ! je n'aurais pas cru cela de votre part, il faut que ce soit un grossier personnage qui ait fait cela, car personne dans Ewars n'aurait fait une chose semblable. — R. C'est bien possible.

D. Vous voyez d'après vos paroles même que ce n'est pas l'usage à Ewars de reprendre les terres d'un autre. — R. Mais si, ça arrive tout de même.

D. En entrant, avez vous dit bonsoir à Delfolie. — R. Oui, monsieur.

D. Delfolie a dit, que vous l'avez repoussé et que vous vous êtes dirigé vers Deneubourg, en l'apostrophant de ces mots : vous voilà, grossier personnage. Qu'a répondu Deneubourg ? — R. Rien que cela, nous ne nous battrons pas pour ça, nous allons trinquer le café.

D. On n'a dit que cela ? — R. Il est possible que l'on ait aussi parlé femmes, je ne me rappelle pas, c'est possible car en société j'aimais bien ces paroles, mais tout ce que j'ai dit, ça n'a pas été des paroles dites avec humeur, on a parlé

omme si on parlait de la pluie et du beau temps, comme on
it au village.

D. Ah, vous lui avez dit d'une manière indifférente et sans
umeur, tu es un grossier personnage. Mais avant de parler
mmes, comme vous dites, est-ce qu'il n'a pas été question
e la terre, qu'avez vous dit ? — R. C'est bien possible, mais
e ne me rappelle pas.

D. Deneubourg vous a montré sa quittance et vous l'a
fferte, en vous disant : si tu veux de cette terre pour toi,
arde la ? — R. C'est bien possible.

D. Il vous a même dit, je te donne 8 jours, 15 jours pour
e décider ; tu me paieras le pot de vin, et tu la reprendras.
que lui avez-vous répondu ? — R. Il est possible que je lui
i dit, que, puisqu'il l'avait pris qu'il l'a *gardiche*.

D. Huard, Deneubourg et vous, vous étiez là seuls au ca-
aret ? — R. Je n'ai pas bien remarqué.

D. Huard et Deneubourg sont sortis un instant pour satis-
aire un besoin, vous êtes par conséquent resté seul avec la
abaretière, vous étiez assis sur une chaise le dossier tourné
evant vous, vous rouliez votre casquette entre vos doigts,
a cabaretière vous a entendu dire : « ah tu ne t'attends pas
ce que tu auras plus tard. » — R. C'est faux !

D. Vous entendrez le témoin tout-à-l'heure, Deneubourg et
Huard sont rentrés, un peu plus tard, vous êtes sorti un instant
votre tour, et Lerouge qui était rentré vous a entendu tenir
e même propos : « Ah, tu en veux de la terre, on t'en don-
era de la terre. » — R. C'est faux ! monsieur le Président.

D. Nous l'entendrons, vous êtes resté au cabaret de
Lerouge jusque vers 10 heures ? — R. Vous voudrez bien
aussi remarquer, monsieur le Président, que Lerouge, est
un homme qui a de l'humeur contre moi.

D. Ah, Lerouge vous en veut, pourquoi ? — R. Quand
mon garçon a subi le sort, Lerouge a le talent de faire pren-
re des bons numéros, je suis allé chez lui avec mon garçon.
(Rires dans l'auditoire).

D. Alors, vous croyez que Lerouge peut donner de bons
numéros ? — R. Je ne dis pas que je le croyais pour cela,
e lui ai demandé seulement s'il savait, il m'a fait entendre
qu'il disait pour ça des prières. Je lui ai dit est-ce que ça cou-
erait cher un bon numéro, il a dit 50 fr.

D. Il vous a dit que pour 50 fr. il vous ferait avoir un
on numéro. — R. Oui, 50 fr. et plus si l'on veut. Je me
uis dit, il dira des prières, enfin des prières ce n'est jamais
mauvais. Mon garçon a tiré et il a pris un mauvais numéro,
mais il a été réformé, parce qu'il a les doigts de la main un
peu crochus, et alors je n'ai pas voulu payer Lerouge ; j'ai
remarqué que depuis ce jour-là Lerouge me regardait d'un
mauvais œil.

D. Pour ce motif que vous n'aviez pas voulu lui donner les
50 fr., et c'est pour cela qu'il inventerait le propos qu'il déclare vous avoir entendu tenir ? — R. Vous remarquerez
aussi que Lerouge est un homme de mauvaise vie, qu'il a
frappé sa première femme et celle-ci aussi, elle le dira, si
elle veut bien le dire.

D. Pendant que vous étiez sorti du cabaret, un témoin a
reconnu votre voix s'adressant dans l'ombre à un ou deux
individus, vous disiez retournez-vous en, je m'en retournerai
seul avec lui. — R. C'est faux.

D. Vous entendrez le témoin.— R. Si je l'ai dit, je ne m'en
rappelle pas, je ne peux rien dire, je ne voudrais pas mentir
et avoir la conscience chargée d'un mensonge.

D. A votre départ comment les choses se sont-elles pas-
sées ? — R. Je suis sorti du cabaret.

D. Un témoin a rappelé que vous n'aviez pas souhaité le
bonsoir ? — R. Si, je crois bien que j'ai souhaité le bonsoir ;
quand je suis arrivé aux dernières maisons de Ramillies, je
me suis aperçu que Deneubourg ne me suivait pas, je ne
l'entendais plus.

D. Est-ce que Deneubourg ne vous a pas appelé, en vous
disant de l'attendre. — R. Huard m'a dit que Deneubourg
m'avait appelé.

D. Il faut que MM. les jurés connaissent le système de
l'accusé, il a toujours soutenu jusqu'à ce jour, que sorti de
chez Lerouge, à peu près en face de chez Gresillon, il s'était
aperçu que Deneubourg ne le suivait pas, qu'alors il avait
continué seul son chemin, que tout d'un coup il s'était senti
frapper, qu'il avait remarqué 4 ou 5 individus qui l'assail-
laient.

M. LE PROCUREUR-GÉNÉRAL. Il a même dit 10.

M. LE PRÉSIDENT. Il a même dit 20 dans le principe ; et sur
l'incrédulité que l'on témoignait il a réduit à 4 ou 5 ces assaillants.

D. Accusé, expliquez-vous sur ce point, vous étiez à 100
mètres environ de la maison de Gresillon quand vous avez
été attaqué, et vous savez que le cadavre de Deneubourg a
été trouvé sur le chemin, beaucoup plus haut, bien devant
vous, bien plus près d'Ewars, comment cela se peut-il ? —
R. Deneubourg était derrière moi quand il m'a appelé, j'ai
continué.

D. Et c'est au moment où il vous appelait que vous avez
senti les coups de poings et que vous avez vu 20 assaillants,
— R. C'est-à-dire 4 ou 5.

D. Alors vous vous êtes sauvé dans le champ de Dupont,
un champ de betteraves, vous l'avez traversé, toujours poursuivi ? — R. Oui.

D. Et après ? — R. Après, quand je me suis aperçu que
je n'étais plus poursuivi de si près, je me suis jeté sur une
porte.

D. Mais pourquoi au lieu de traverser le champ de betteraves, pourquoi n'êtes vous pas revenu du côté de Deneubourg que vous saviez tout près derrière vous que vous saviez d'une grande force, il vous aurait donné aide et assis-
tance ? — Je me suis sauvé comme j'ai pu.

D. Mais ces hommes ne venaient pas de Ramillies, car
alors ils auraient rencontré d'abord Deneubourg ? — R. Je
ne sais pas.

D. Et le cadavre de Deneubourg a été trouvé bien plus
loin, à 300 mètres de Grésillon, comment expliquez-vous
qu'on l'ait tué à 200 mètres au-delà, en avant de l'endroit ou

vous étiez, où vous avez été attaqué? — R. Je ne sais pas, peut-être est-il venu à mon secours croyant que j'étais plus loin, je ne sais pas.

D. Ainsi, c'est un fait certain, il était devant vous, en partant, vous le reconnaissez vous même, tout le monde le dira, et l'on trouve le cadavre 200 mètres au-delà de l'endroit où dites-vous vous avez été attaqué; où êtes vous allé ensuite? — R. J'ai senti qu'on me serrait de moins près, et j'ai été frapper à la porte de Vasseur.

D. Mais pourquoi avez vous été à cette maison qui est plus loin, plutôt que de frapper à la porte de Marie-Claire qui est au coin du champ que vous veniez de traverser, pourquoi n'avez-vous pas crié alors? — R. J'étais trop frappé à ce moment pour y penser.

D· Mais personne ne vous a entendu crier à ce moment, enfin vous avez traversé cette partie du village et vous êtes allé à la maison du maire. — R. Ce n'est pas parceque c'était le maire, c'est parce que je connaissais Vasseur.

D. Qu'avez-vous dit à Vasseur? — R. Je ne sais, il y a des individus qui m'ont attaqué, je ne sais ce qu'ils veulent, ils m'ont accablé, ils m'ont étouffé.

D. Vasseur, après avoir ouvert, vous a dit: C'est drôle on n'entend rien, ni de loin, ni de près. — R. Je ne sais, je ne me rappelle pas, mais je sais moi, que chez Vasseur je les entendais encore un peu, mais sans les apercevoir.

D. M. Vasseur aura plus de mémoire que vous, nous l'entendrons, il vous a donné un bâton et vous êtes sorti de sa maison, il vous a dit, s'il y a quelque chose, appelle moi. — R. Oui.

D. Vers quel côté vous êtes vous dirigé? — R. J'ai tourné du côté du marais, j'ai entendu comme 2 ou 3 voix de gens *chuchier* (chuchotter).

D. Puis, sur l'invitation du maire, vous avez été chez le garde champêtre. — R. Oui.

D. Puis vous avez crié: Tas de canailles, tas de vagabonds, avancez, si vous voulez, maintenant j'ai un bâton, je n'ai pas peur, seriez-vous 10 avancez, puis en ayant l'air de les provoquer, vous vous sauviez; et pendant que vous alliez à la maison du garde, Antoine Lerouge et sa femme vous ont entendu passer, ils ont reconnu votre voix. vous marchiez comme un dragon, vous courriez. — R. C'est faux.

D. On ne vous poursuivait pas; vous voilà maintenant chez le garde champêtre, que lui avez-vous dit? — R. Je lui ai dit qu'il *ouvriche* la porte,

D. Vous vous êtes assis, en disant: Je suis un homme perdu, je suis un homme mort. — Je n'ai pas dit que j'étais mort, je souffrais alors parce que j'ai un mauvais rhumatisme qui me vient de mauvaises maladies, et quand ça me prend je souffre beaucoup.

D. Vous avez dit au garde: J'ai peur qu'il ne soit arrivé malheur à Deneubourg. — R. Oui. je craignais qu'il eût reçu des coups.

D. Ainsi vous teniez à faire des déclarations au maire, à faire faire des constatations par le garde. Puis, après avoir dit que vous étiez un homme perdu, un homme mort, vous

partez marchant d'un bon pas avec le garde champêtre et son fils; à une certaine distance le garde champêtre aperçut Deneubourg couché sur le chemin. Qu'avez-vous fait alors? — R. Je l'ai tiré un peu comme ça, en lui disant: Deneubourg, est-ce que vous dormez? Est-ce que vous avez du mal? Je l'ai tiré par la main ou par son paletot; le garde a dit, il est mort, et je crois bien que je lui ai passé les 2 doigts sur la figure, en disant: Il est mouillé, c'est de la sueur ou du sang.

D. On a été éveiller le cabaretier Grésillon; là vous avez encore dit que vous étiez blessé, frappé. — R. Oui, je me suis encore senti aller mal, pendant la marche, j'étais un peu échauffé, et je souffrais moins.

D. Chez le garde, lorsque vous avez raconté que vous aviez reçu des coups, il vous a dit voyons les un peu, vous ne vouliez pas, il a relevé votre blouse et votre chemise, et il n'a vu aucune trace de coups; — R. Ce n'est pas lui qui a demandé à voir, c'est moi au contraire qui lui ai dit voyons un peu, si ça parait.

D. Non, ce n'est pas vous, c'est le garde qui a voulu voir. — R. Je crois bien que c'était moi·

D. Personne n'a voulu croire à cette attaque en voyant votre contenance, à votre attitude; on l'a encore moins cru, une heure après lorsque vous avez voulu retourner chez vous; alors, vous ne ressentiez plus rien du tout. — R. Oui; j'ai senti le coup de poing qui se *débarbouillait*.

D. Vous êtes allé à Ewars, avec le garde qui voulait vous suivre et vous accompagner. Vous avez frappé à la fenêtre, et vous n'êtes pas entré chez vous; vous avez dit ne soyez pas inquiets, je reviendrai, et vous êtes reparti, et retourné chez Gresillon. Enfin vers 7 heures du matin, vous êtes retourné chez vous. Q'aviez-vous fait avant? — R. J'ai été chez mon oncle, savoir des nouvelles de son cheval malade.

D. Comment on était inquiet chez vous, on ne vous avait pas vu de la nuit, et au lieu d'aller rassurer les vôtres, vous allez chez un voisin savoir des nouvelles de son cheval.

D. Avez vous raconté à votre famille, ce qui s'était passé dans la nuit, avez vous parlé de l'assassinat? — R. Je crois bien que oui.

D. Non, vous n'en avez parlé ni à votre femme, ni à votre mère; elles l'ont déclaré. — R. Je me suis dit en revenant allons voir si la *gamine* est mieux.

D. Puis marchant toujours assez vite, vous êtes allé trouver votre fils, qui est laboureur, au champ où il travaillait, et vous l'abordez en pleurant, et vous lui dites, ah, quel malheur on me soupçonne. — R. C'est possible que mon fils ait pleuré, je ne me rappelle pas.

D. Mais n'équivoquons pas, ce n'est pas votre fils qui pleurait, c'était bien vous. — R. Je suis innocent, j'ai le cœur net, de toute cette affaire.

D. Pourquoi alors pleuriez vous, pourquoi dire que vous étiez soupçonné, pourquoi l'aborder ainsi. — R. Monsieur le Président, vous pouvez vous informer de moi, si je suis homme de mauvaise vie, et comme je suis chrétien, je déclare que je suis innocent.

D. Enfin, MM. les jurés apprécieront. Voici le résumé de votre emploi dans la journée du 24 septembre dernier et du lendemain. Vous étiez mécontent que Deneubourg avait repris votre terre. Vous avez manifesté votre mécontentement dans la journée, en injuriant Deneubourg, enfin, vous êtes sortis de chez Gresillon le soir, Huard, Deneubourg et vous. Huard vous quitte, remarquant que vous passiez le premier, que Deneubourg venait derrière à 10 mètres au plus de vous. Puis une demi-heure après peut-être, vous allez chez le maire, vous lui dites que vous avez été attaqué, frappé, que vous êtes perdu. On vous entend crier, et l'on ne voit personne, puis vous vous faites accompagner du garde et l'on trouve le cadavre de Deneubourg à 300 mètres environ de la maison de Gresillon. Deneubourg était avec vous. vous avez à rendre compte à la justice de la vie de Deneubourg. — R. Je suis innocent.

D. Enfin tout votre système de défense consiste dans cette attaque dont vous avez parlé.

INTERROGATOIRE DU 2ᵉ ACCUSÉ.

Le deuxième accusé, Charles Hoez, est introduit. M. le Président procède à son interrogatoire.

D. Le 24 septembre, vers 8 heures du soir, vous étiez chez Gresillon, vous buviez avec d'autres ouvriers. — R. Oui, la grange à laquelle nous avions travaillé venait d'être finie et Mᵐᵉ Gresillon payait une bonisse.

D. Il y avait avec vous Vaillant, Ségard, Decarpigny. — R. Oui.

D. Pendant que vous étiez à boire, Lefebvre et Delfolie sont arrivés. — R. Oui.

D. Ils ont dit que Deneubourg avait la terre. Vous en avez été mécontent. — R. C'est-à-dire que j'ai été mécontent d'une manière et pas d'une autre.

D. Enfin, vous étiez mécontent ou vous ne l'étiez pas. — R. Ça ne me faisait pas plus de peine que ça ne me faisait de plaisir qu'il l'avait ou qu'il ne l'avait pas.

D. Ce n'est pas l'usage dans votre commune que l'on reprenne les terres des autres. — R. Mais si, quand l'occasion se présente.

D. Oui, quand le premier y renonce, autrement cela ne se présente pas souvent? — R. Mais si, tous les ans, tout de même.

D. Vous savez ce que c'est que le mauvais gré ; dans votre commune on ne permet pas à d'autres de reprendre les terres que l'on a louée, que l'on détient, et si quelqu'un l'ose, on se venge de lui de toutes les manières possibles. — R. Je ne me suis pas vengé du tout.

D. Vous étiez mécontent que Deneubourg avait loué la terre, vous espériez que votre oncle devait rester en ville, et qu'alors cette terre, votre oncle après l'avoir relouée, vous l'aurait cédée.—Je n'en avais pas parlé à Potier, mais il en avait été question avec son fils.

D. Vous auriez de plus tenu un propos qui est fort grave, Delfolie vous a dit que vous feriez bien d'aller chez Lerouge,

que Potier et Deneubourg devaient s'y rencontrer, qu'ils pourraient se quereller et se battre. Vous y allez, votre oncle y était attablé avec Prosper Hoez qui a été mis hors de cause. Ce dernier vous ayant dit vas voir si Deneubourg est encore à la *Montagne*, et tu viendras nous dire quoi ; vous auriez répondu : S'il y est encore, nous allons lui en donner une que le diable aura pitié de sa peau. — R. Non, monsieur.

D. Cependant un témoin, Ségard, rapporte ce propos, vous l'entendrez tout-à-l'heure. De plus, à peine ces mots étaient-ils prononcer, Potier fils se lève, votre oncle veut vous suivre, un autre témoin le maintient sur sa chaise en lui disant, reste là, ce sont des affaires dont tu n'as pas à te mêler ? — Je ne me rappelle pas.

D. Cependant le lendemain, ces propos, les témoins se les sont rappelés, vous étiez troublé, ils le déclarent. — R. Je ne me le rappelle pas.

D. Vous êtes sorti avec Potier fils, vous êtes allez chez Lerouge ? — R. Oui.

D. Pierre Lesne, en sortant du cabaret de chez Lerouge, a vu deux hommes qui regardaient chez Lerouge par la fenêtre ? — R. Je ne me rappelle pas, je ne sais pas si c'est moi.

D. Le témoin se le rappellera. Puis chez Lerouge où vous entrez, vous parliez devant Deneubourg d'un air provoquant, vous étiez assis à cheval sur une chaise, le dossier placé sur le devant, et les bras appuyés sur la chaise, vous regardiez pendant cinq minutes Deneubourg en le fixant d'une manière provocante ? — R. Je ne sais pas.

D. Que disait-on chez Lerouge ? — R. On parlait de femmes.

D. On parlait encore de la terre ? — R. Peut-être.

D. Deneubourg n'a pas voulu relever vos provocations, il n'a rien dit ? — R. Il n'avait rien à dire. On parlait de femmes, on le plaisantait.

D. Deneubourg était votre rival, il avait eu dit-on des relations intimes avec une jeune fille de Ramillies à qui vous faisiez la cour, à qui vous aviez dit d'aller se placer comme servante dans un pays étranger pendant que s'écoulerait vos deux années de service qu'il vous restait à faire. Vous lui aviez promis de l'épouser ? — R. Si je lui ai parlé de mariage c'était par plaisanterie.

D. Elle a déclaré que c'était sérieux, mais qu'elle ne répondait pas trop, sachant que votre mère ne consentirait pas à ce mariage. — R. Oui, monsieur.

D. Enfin, vous sortez du cabaret. Potier fils prend la route pour s'en retourner chez lui, pendant votre absence de chez Gresillon, on entend un bruit comme le bruit de la chûte d'un corps lourd, d'une pièce de bois ; les assistants du cabaret sortent pour voir ce que c'est, ils vous voient contre la maison, sans savoir d'où vous veniez, on vous demande ce que vous faites, ce que vous avez, vous aviez l'air affaré, surexité. On vous dit : Charles, est-ce que vous venez de vous battre ? — R. Ce sont des moutons qui m'ont fait peur ils ont passé tellement vite près de moi, ils étaient 20 ou 30 au galop, ça m'a effarouché.

D. Comment, vous campagnard, vous ancien soldat qui

avez fait la campagne d'Italie, vous êtes effrayé par des moutons ? — Ils allaient avec tant de rapidité et si vite; ils m'ont frolé.

D. Encore pendant votre absence de chez Gresillon, un autre témoin, Adolphe Chatelain, qui demeure derrière Gresillon, a entendu sur le sentier qui est contre sa maison, et sur lequel est sa cave, un individu qui courait. puis deux minutes après, il a entendu les mêmes pas d'un homme qui revenait et un bruit comme celui d'un objet lourd qu'on laisse tomber.

D. Il est à remarquer que dans la soirée, on avait déchargé tout près de là la charpente d'un bal contre la voie des fossés, au moment ou vous êtes passé vous avez du laisser échapper une pièce de bois, que vous aviez été cherché au tas, c'est le bruit que l'on a entendu ? — R. Il est facile à comprendre que je n'ai pas été au tas des pièces de bois, je n'ai pas été 2 minutes à rentrer, je n'aurais pas eu le temps d'aller faire ce que vous dites.

D. Vous le dites, mais personne n'a pu calculer juste le temps de votre sortie, personne n'avait la montre à la main, mais de chez Lerouge au cabaret de Gresillon, il n'y a pas 200 métres. — Je suis rentré aussitôt.

D. Les témoins le diront. Enfin, plus tard, on retrouve le cadavre de Deneubourg et à côté on trouve en même temps une pièce de bois. Il y a encore une autre circonstance, pendant que vous étiez sorti du cabaret un témoin a entendu Potier dire à des personnes qu'on n'a pas pu voir, retournez vous-en, je retournerai seul avec lui-

D. Revenu de chez Gresillon, vous êtes retourné chez Lerouge, vous y êtes resté un instant, Vaillant et Decarpignies allaient souper, vous ne voulez pas les attendre, vous voulez partir seul. — R. On ne m'avait pas invité à souper d'une manière convenable.

D. Enfin, vous refusez de les attendre pour revenir avec eux, Prosper n'a pas parlé de cette invitation inconvenante. Vous partez avec Prosper, — R. Oui, je suis retourné à Ewars, je suis rentré à 9 heures et demie chez moi.

D. Personne ne l'a dit. — R. Tout le monde était couché. Je suis rentré à 9 heures 1[2 ; le crime n'a été accompli qu'après dix heures.

D. De votre maison de Ramillies à l'endroit où le cadavre a été trouvé, il n'y avait pas dix minutes de chemin, car le cadavre était beaucoup plus près d'Ewars que de Ramillies, mais si vous êtes revenu avec Prosper, votre oncle, après l'arrestation de Potier, Prosper n'avait qu'à déclarer que vous étiez revenu avec lui à 9 heures 1[2; c'était bien facile en présence des soupçons dirigés contre vous au moment de votre arrestation, il n'en a pas dit un mot. — R. C'est que ça ne lui est pas venu.

D. Comment ça ne lui est pas venu ; comment, il voit son neveu inculpé d'un crime atroce, il n'a qu'un mot à dire pour le sauver, et il ne le dit pas. Ça ne lui est pas venu à la pensée, dites-vous ? Enfin, MM. les jurés apprécieront. Le surlendemain matin, vous êtes retourné chez Gresillon, on vous

parle du crime, vous êtes tout troublé, on accuse Potier, et vous répondez : personne ne l'a vu, on ne pourra pas prouver que c'est lui. — R. J'ai voulu dire qu'on ne pouvait l'accuser, que ce n'était pas lui, qu'on ne l'avait pas pu voir puisque ce n'était pas lui.

D. Non, ce n'est pas ce que vous avez dit à Meresse; vous avez dit : on ne pourra prouver que c'est lui, puisqu'on ne l'a pas vu. Car on croit au village qu'on ne peut rien prouver quand on n'a pas vu. Mais, indépendamment des témoins qui ont pu voir, sachez-le, il y a des preuves, des circonstances qui prouvent. On a remarqué que vous étiez troublé. — R. — Un autre l'aurait été à ma place ; je savais qu'on accusait mon oncle, ça me faisait de la peine, car nous avons toujours été tous unis dans la famille, mais je n'étais pas troublé.

Enfin voici ce que l'accusation vous reproche, les charges qu'elle relève contre vous. En apprenant chez Gresillon que Deneubourg avait loué la terre, vous manifestez votre mécontentement, vous dites que vous devez avoir cette terre, vous dites sur un propos de votre oncle, ah nous allons lui en f... une, s'il y est encore, que le diable aura pitié de sa peau. Pendant votre sortie, votre absence, on entend un bruit d'un corps lourd. Chatelain entend courir quelqu'un sur le sentier près de lui. On sort de chez Gresillon pour savoir la cause du bruit, on se trouve face à face avec vous, on vous invite à souper, vous n'acceptez pas, vous ne voulez pas attendre les autres qui devaient retourner avec vous. Vous partez, et quand plus tard Prosper est arrêté comme vous, il ne dit pas que vous êtes rentré avant dix heures. Lorsqu'on vous parle du crime, vous dites personne ne l'a vu, on ne peut le prouver. Je dois vous dire que pendant votre absence j'ai interrogé Potier et qu'il a répondu qu'il était innocent.

M. le Président résume au second accusé l'interrogatoire de Potier.

AUDITION DES TÉMOINS.

1er *Témoin.* — Martin (Auguste Joseph), âgé de 41 ans, maréchal-des-logis, à Cambrai. — J'ai été chargé de faire l'enquête relative à cette affaire. J'ai fait mon rapport à M. le commissaire central. Le 25 septembre dernier, j'ai été informé par le garde-champêtre d'un crime qui avait été commis le 24; j'en donnai connaissance à l'autorité. Je me suis rendu sur les lieux afin de recueillir les renseignements. J'ai appris que Potier, le premier accusé, était allé le veille à Cambrai avec d'autres fermiers, pour passer un marché, qu'il n'était peut être pas étranger à ce crime; j'ai trouvé le cadavre de Deneubourg étendu par terre dans une mare de sang, il avait la figure mutilée, méconnaissable; à côté du cadavre j'ai vu une barre de bois à laquelle adhéraient plusieurs morceaux de dents. Après avoir recueilli ces renseignements, je me suis ensuite rendu chez Potier père, là on m'a dit qu'il était parti aux champs; nous avons fait une perquisition chez lui, nous avons demandé à sa femme la blouse qu'il portait la veille, j'y ai remarqué deux taches de sang, l'une par devant, l'autre au poignet droit; j'ai saisi cette blouse, ainsi qu'un

antalon et un gilet, puis nous nous sommes mis à la recher-
he de Potier ; nous l'avons aperçu au moment où il allait
entrer ; sa femme était allée au-devant de lui. Nous l'avons
interpellé, il nous a protesté de son innocence. Je lui ai donné
l'ordre de nous suivre et nous l'avons mené devant M. le juge
d'instruction et M. le procureur impérial, qui étaient arrivés
et étaient auprès du cadavre ; là, j'ai remarqué qu'il était devenu blanc comme ce plafond, et qu'il tremblait comme la
feuille. Alors M. le juge d'instruction m'a remis un mandat
d'arrêt contre lui.

D. Que vous a dit Potier ? — R. Comme il nous déclarait
encore qu'il avait été attaqué par 4 ou 5 individus, nous
l'avons engagé à nous conduire vers l'endroit où avait eu lieu
cette attaque. Il nous a conduit d'abord vers un champ nou-
vellement semé de colza, et nous n'y avons trouvé aucune
empreinte de pas ; alors il a prétendu avoir traversé un champ
de betteraves, nous n'y avons remarqué aucune trace et cependant il affirmait bien avoir traversé des betteraves pour
aller chez le maire de Ramillies demander du secours ; nous
avons bien cherché, nous n'avons pas vu de feuilles foulées,
ni de betteraves cassées, pour les colzas la terre était presque
unie, comme de la terre de jardin, l'herbe n'était pas couché.

M. le Président à Potier.—Potier, vous entendez ?—R.
Oui, Monsieur.

D. Vous avez dit que vous aviez été poursuivi dans le
champ de betteraves par des individus, quatre ou cinq, on
vous dit : montrez les traces, et vous ne pouvez rien trouver.
— R. Je ne pouvais pas savoir au juste où j'étais passé.

D. Enfin, était-ce par les colzas ou par les betteraves ? —
R. Je crois plutôt que c'est bien par les betteraves.

D. Soit ; admettons que vous soyez passé par le champ de
betteraves, comment avez-vous pu, la nuit, traverser en courant ce champ sans tomber ? — R. Non, je n'ai pas tombé.

D. Mais, au moins, on aurait trouvé des traces ; ils étaient
5 ou 6 après vous. — R. Vous voudrez bien remarquer, monsieur, que la terre de betteraves est une terre qui devient
ferme comme de la pierre. Il avait fait sec.

D. Mais non, il avait plu ; il y avait eu un grand orage.
R. Il avait tombé un peu d'eau.

D. Il y avait eu un orage énorme, au contraire ; enfin, admettons encore que la terre était ferme ; il est inconcevable
que sur votre passage, les feuilles de betteraves n'aient pas
été foulées au pied ? — R.. Je n'ai plus su discerner si j'étais
passé plus haut ou bien plus bas.

D. On a saisi vos vêtements, notamment votre pantalon ;
eh bien, vous savez, vous campagnard, que lorsqu'on traverse
un champ de betteraves, surtout lorsqu'il a plu, le bas du
pantalon se tâche de vert ; votre pantalon est maculé, taché de
boue, c'est visible, mais on ne voit pas qu'il soit verdi. — R.
Je sais que j'ai traversé un champ.

Le témoin. — Dans l'intérêt de l'accusé, nous n'avons pas
borné nos recherches à un endroit, nous avons cherché partout.

M. le Président. — Et vous n'avez rien trouvé ? — R.

Non, monsieur le Président. Le 28 du même mois nous
sommes retournés à Ewars pour y recueillir de nouveaux
renseignements, nous avons appris de Ségard, qui se trouvait au cabaret Gresillon pendant la soirée du 24, qu'Hoez,
le second accusé, apprenant qu'il ne pourrait plus avoir la
terre, puisque Deneubourg l'avait louée, aurait dit : Je
croyais avoir cette terre, je ne l'aurai pas, mais je lui en f...
une que le diable aura pitié de sa peau. Prosper avait dit,
vas voir, s'ils sont encore au cabaret de la Montagne, et si
Deneubourg y est encore, tu viendras me dire quoi. Puis il
aurait ajouté : il n'y faut pas aller seul, de crainte de le
manquer.

D Voilà les renseignements que vous avez recueillis, ils
seront constatés par les témoins que nous allons entendre.
J'ai encore à vous interroger sur un point. Vous avez entendu tous les témoins qui ont vu Potier après l'attaque dont
il se prétendait avoir été l'objet, n'ont-ils pas tous dit qu'ils
ne croyaient pas à son récit, tous n'étaient-ils pas d'accord
à dire qu'ils croyaient que c'était Potier qui était l'auteur du
crime. — R. Ils ne croyaient pas du tout à son récit.

D. Après avoir recueilli ces renseignements, n'avez-vous
pas été chez Charles Hoez ? — Oui, nous l'avons interpellé,
et j'ai remarqué des taches de sang sur son gilet et sur son
pantalon. Je lui ai demandé s'il ne s'était pas coupé, s'il n'a-
vait saigné du nez, il a répondu que non, je lui ai fait ôter
ces vêtements et j'ai saisi son gilet, son pantalon et ses sou-
liers, car j'avais remarqué plusieurs taches de sang au pied
droit.

D. Qu'a-t-il dit ? — Il a dit, quand on est charpentier, en
travaillant, on se coupe quelquefois ; je lui ai dit de me montrer s'il avait quelque trace de blessures aux mains, et je
n'en ai trouvé aucune.

D. Ne lui avez-vous pas demandé à quelle occasion il avait
proféré ces menaces, — R. Il a dit qu'il ne les avait pas pro-
feré, qu'il ne s'en rappelait pas, mais il a dit que c'était
possible, que s'il les avait proféré, ce ne pouvait être qu'en
faisant allusion à Deneubourg.

M. le Président à Hoez. Vous entendez, vous disiez tout-
à-l'heure que vous ne vous rappeliez pas, et le 28, c'est-à-
dire 4 jours après le crime, vous reconnaissez que si vous
aviez dit ces paroles ce ne pouvait être qu'en faisant allusion
à Deneubourg. — R. Je ne me rappelle pas, et puis vous
remarquerez, messieurs, le maréchal-des-logis dit qu'il n'avait
pas vu de blessures à mes mains, eh bien, j'en avais une à
la main gauche, je me l'étais faite 5 jours avant, et le l'ai fait
remarquer au maréchal-des-logis.

Le témoin. — J'ai bien regardé et je n'ai rien vu du tout.
Du reste c'était en présence du maire.

M. le Président au témoin.—A quel endroit avez-vous remarqué les taches de sang sur les vêtements d'Hoez. — R. Une
large, en haut du gilet.

D. A l'accusé Hoez. — En supposant que vous vous soyez
blessé à la main, vous n'auriez pas eu de tâche de sang à l'é-
paule, tout au haut du gilet, car c'est une place bien singu-

lière. — R. Il est possible que mon gilet était près de moi, par terre, quand je me suis coupé, et que je me suis frotté auprès.

D. Le sang ne provenait pas d'un frottement, c'est une éclaboussure qui a fait la tâche, c'est du sang qui a jailli.

D. Au témoin. — Et l'autre tache que vous avez constatée.

Le témoin. — C'était au genou droit, c'était une tache grande qui avait l'air d'avoir été lavée,

L'accusé. — C'est sans doute une tache de goudron, mais je ne m'en suis pas aperçu.

M. le Président. — L'expert s'expliquera tout à l'heure sur le caractère de ces taches.

Au témoin. — L'opinion générale était que Potier était le coupable.

Le témoin. — Oui.

D. Le cadavre n'était-il pas bien au-delà du champ de betteraves. — R. Oui.

D. Potiez vous a-t-il expliqué comment il se faisait que le cadavre se trouvait bien au delà du champ qu'il dit avoir traversé. — R. Il nous a dit que Deneubourg était en avant devant lui.

D. Vous en êtes bien sur. — R. Oui.'

D. Bien sur ? — Oui, bien sur, M. le Président.

D. A Potier. — Tout à l'heure vous avez dit que Deneubourg était derrière vous et vous l'entendez, au maréchal-des-logis, vous avez dit qu'il était devant vous. — R. C'est faux, M. le président, j'ai dit qu'il était derrière.

D. Au témoin. — Vos souvenirs sont bien présents, a-t-il dit en avant ou derrière. — R. Il a dit en avant, et voilà comment. Je lui ai dit, montrez nous l'endroit où vous êtes passé. il nous a dit c'est par là ; alors j'ai fait cette observation, mais Deneubourg a été assassiné 100 mètres plus haut, Il était donc devant vous, alors il a dit oui.

Mᵉ E. Flamant. — Le maire a vu quelques traces de pas dans un champ et les a fait voir à un gendarme.

Le témoin. — Ce n'est pas à moi, c'est alors à mon gendarme.

M. le Président. — M. le maire s'expliquera sur ce point.

Mᵉ E. Flamant. — Je demanderai aussi au témoin s'il y a des fossés dans toute la longueur de la route.

Le témoin. — Il y en a par place, à l'endroit du champ de betteraves il n'y a pas de fossés, il n'y en a que sur la gauche, si mes souvenirs sont bien présents, à l'endroit qu'à montré Potier il y a entre la route et les champs une crête.

Mᵉ E. Flamant. — De quelle hauteur à peu près.

Le témoin. — Comme cette table (la table des pièces à conviction, qui a à peu près un mètre de haut) cette crête est en talus.

Mᵉ E. Flamant. — A l'endroit indiqué par Potier, à peu de distance, n'y a-t-il pas d'autres champs de betteraves.

Le témoin. — Je n'ai pas remarqué.

Pendant quelques instants les deux accusés se sont rapprochés et se parlent l'un à l'autre.

M. le Président donne l'ordre de les empêcher de communiquer.

2ᵉ *Témoin.* — Brunelle (Alphonse), médecin à Cambrai. — Le 25 septembre dernier, j'accompagnai à Ewars les magistrats instructeurs ; à 300 mètres de Ramillies entre ce village et celui d'Ewars, l'indication du lieu où le crime a été commis, nous a été révélée par une mare de sang ; à côté du cadavre de la victime j'ai constaté la présence d'une pièce de bois, celle-là (celle qui est sur la table des pièces à conviction, c'est une poutrelle de deux mètres de longueur environ, de vingt centimètres dans le sens le plus large, de dix centimètres environ dans l'autre sens) ; j'ai remarqué de suite, incrustés dans le bois, quelques fragments d'os et de dents, ainsi que quelques gouttelettes de sang. Le corps fut relevé et porté dans une maison. Là, nous avons constaté une lésion énorme à la face et au crâne, des plaies impossibles à décrire et à distinguer chacune, tant elles étaient nombreuses et rapprochées, tous les os de la face étaient brisés et plusieurs fragments déplacés avaient été se loger dans le crâne. Les os du crâne étaient sortis, et par des hiatus béants la cervelle était sortie en plusieurs endroits. (Sensation dans l'auditoire). L'instrument qui avait servi au crime était bien cette pièce de bois, car ainsi que je l'ai dit elle portait incrustée, dans les fibres du bois, un fragment de dent et une petite pièce osseuse.

Le témoin montre à la Cour, et l'on fait passer à MM. les jurés ainsi qu'aux défenseurs cette arme meurtrière sur laquelle on constate aujourd'hui encore la présence d'un petit fragment d'os,

Les ecchymoses étaient presque parallèles et régulières sur la poitrine, sur le ventre et sur les cuisses, et portaient juste la largeur du bois.

D. Vraisemblablement la victime a été étourdie par le premier coup ? — Oui, si le premier a fait une des fractures que nous avons constatées.

D. Avez-vous constaté quelques traces de lutte ? — R. Non.

D. La face était écrasée et il y avait des désordres tel que n'en aurait pas produits de plus grands une voiture attelée de 6 chevaux ? — R. Oui, monsieur le Président.

D. Aux accusés. — Vous reconnaissez que cette pièce de bois était un des montants de la charpente du bal de Copin ?

Potier. — Non, monsieur, je ne sais pas.

D. Mais vous, Hoez ? — R. Oui.

D. Vous ne pourriez dire non, car vous êtes un charpentier, et vous aviez vu décharger cette charpente le soir à 7 heures.

D. Au témoin. — Vous avez été aussi chargé de vérifier si Potier aurait reçu des coups ? — R. Il m'a le premier déclaré qu'il n'avait rien sur le corps ; je le fis déshabiller néanmoins, j'ai pressé les endroits où il disait avoir été frappé. Il n'avait rien.

D. Et c'était 12 heures après, Potier ; vous aviez dit 12 heures auparavant, chez le garde, que vous étiez un homme mort.

Potier. — Je suis accidenté d'un mauvais rhumatisme, c'est un restant de mauvaises maladies.

M. le Président. — Ce n'était pas une raison pour dire que vous étiez étouffé de coups, de coups qui ne laissent aucune trace le lendemain.

Au témoin. — Est-ce qu'il n'y avait pas dans le sang quelques fibres ? — R. Je n'en ai pas vu, mais elles étaient assez broyées pour qu'il pût y en avoir.

Un juré. — Je demanderai au médecin si l'accusé a reçu les coups de poing, de bâton ou de trique, est-il possible qu'ils n'aient pas laissé de traces ?

Le témoin. — Selon les individus, la sensibilité est plus ou moins grande ; mais c'est étrange pour le moins que les coups dont il se plaignait n'aient pas laissé de trace, ni de sensibilité le lendemain.

M. le Procureur-Général. — Il est impossible qu'on ait été frappé à coups de trique, sans qu'on n'en porte au moins quelques traces.

Le témoin. — Je le crois.

3e Témoin. — Gareau, 50 ans, docteur-médecin à Lille, professeur à l'Ecole de pharmacie.

D. Vous avez été chargé de faire l'analyse de taches constatées sur des vêtements; veuillez dire à MM. les jurés, non pas les procédés auxquels vous avez eu recours, mais leur rendre compte du résultat de vos expériences. — R. Quant aux vêtements de Potier, j'ai constaté à la partie interne de la blouse des taches qui sont dues à la présence du fluide sanguin, le pantalon aussi portait des taches rosées, mais elles n'étaient pas assez considérables, elles étaient trop étendues d'eau pour que je puisse affirmer que ce sont des taches de sang. C'étaient des taches dues à une matière colorante un peu délayée dans la boue.

D. Et les vêtements saisis sur Charles Hoez ? — R. — Au gilet, près du bras, en haut, j'ai constaté une tache, rigide, luisante, due certainement à la présence du sang. Le pantalon portait aussi des taches rosées mais encore plus diffuses que celles du pantalon de Potier, je pourrais affirmer que ce soit du sang, seulement au genou, il y avait une tache diffuse, étendue, qui semblait avoir été essuyée et lavée; je constatai qu'à l'intérieur de l'étoffe, en dedans, il y avait une tache de sang desséché.

D. Votre conclusion est que cette tache est due à la présence du sang? — Oui. Je dois même ajouter que le pantalon a dû être lavé et repassé, car à l'endroit où est cette tache, il y a une pièce, l'étoffe est double, et le lavage n'a pu enlever le sang qui était à la face interne, à cause des deux doubles de l'étoffe.

D. Vous n'avez pas, dans ces taches, trouvé de petites fibres musculaires. — R. Non.

Un juré. — Je demanderai au témoin si le sang était du sang humain ? — R. Je ne puis l'affirmer, car les procédés de la science ne peuvent faire discerner le sang de l'homme du sang des animaux. La composition du sang des mammifères est presque la même au point de vue de l'analyse.

M. le Président. — L'accusé Hoez dit que la présence de cette grande tache est due au goudron ou à la sève de chêne. — R. C'est du sang. Je dois faire observer encore que la tache de sang était limitée, s'arrêtait à la pièce, dont elle embrasse juste les proportions, ma pensée, je ne dis pas ma conviction, a été que la pièce portait du sang avant d'avoir été cousue au pantalon.

M. le Président. — Mais est-ce qu'avec un lessivage ordinaire cette tache aurait pu rentrer. — R. Oui à cause du double de l'étoffe une tache de sang tient presqu'indéfiniment, pour la faire partir il faut un frottement prolongé.

M. le Procureur-Général. — Enfin votre conclusion est que cette tache a été lavée ou essuyée, alors qu'elle était récente.

4e Témoin. — Ribeauville, Nicolas-Michel, propriétaire à Déchy, 59 ans.

D. Que s'est-il passé à Cambrai, le 24 septembre dernier? — R. M. Delfolie, mon homme d'affaire, m'avait écrit que divers de mes fermiers voulaient renouveler bail, je lui ai répondu que le 24 septembre je me rendrais à Cambrai, à la Trompette, de convoquer mes gens. Je suis arrivé le premier au rendez-vous. Delfolie est arrivé: puis les autres, j'ai fait une proposition de mettre le prix à 55 fr. la mesure au lieu de 50 fr. Constant Victor a contesté.

D. Au nom de tout le monde? — R. Non. de plusieurs. Je lui ai dit, c'est toujours vous qui mettez des batons dans les roues, vous vous plaignez toujours. Delfolie a dit, il y a trop de monde ici on ne peut s'entendre, allons à un autre cabaret; nous avons été à la Madeleine, près du petit séminaire. Nous sommes arrivés là tous, excepté Potier.

D. Mais vous l'aviez vu à la Trompette. — R. Oui.

D. Qu'est-ce qu'il vous avait dit. — R. Qu'il n'avait pas sa contenance. Je lui ai demandé s'il n'était pas borné, il m'a répondu que oui; je lui ai dit, mais c'est que vous avez laissé empiéter les voisins, vous auriez dû défendre mes intérêts et les votres en même temps. Il m'a dit je n'ai pas la contenance je ne veux plus de la terre.

D. Ensuite l'avez-vous revu? — R. Non, il n'était pas chez le notaire. Comme nous sortions de chez le notaire, Deneubourg, à la porte, me dit, si vous voulez faites porter cette pièce à mon nom, et si Potier en veut, eh bien, je la lui remettrai. Nous somme rentré chez le notaire et ça été convenu. Delfolie me dit alors : je n'ai pas le temps de vous accompagner jusqu'au chemin de fer. Deneubourg m'a accompagné ; il voulait en route me payer son pot-de-vin de 52 fr. 50: je lui dit ce n'est pas pressé, non n'avons pas le temps, on va sonner pour le chemin de fer, comme il insistait encore j'ai reçu les 52 fr. 50 c., il m'a souhaité bon voyage et nous nous sommes quittés.

D. A-t il dit que cette terre lui conviendrait pour lui donner un passage jusqu'à la route? — R. Je ne crois pas qu'il l'ait dit, enfin je ne me le rappelle pas.

D. Est-ce qu'il n'y a pas eu un moment où vous avez dit à Potier que vous vous contenteriez d'une augmentation de 50 centimes? — R, Non; je ne crois pas.

M. le Procureur-Général. — C'est Delfolie qui a fait la proposition, ce n'est pas M. Ribeauville.

M. le Président au témoin. — Depuis combien de temps Potier est-il votre locataire? — R. Je ne saurai vous dire. Je n'ai pas tous les noms présents à la mémoire.

D. Mais cette terre avait été occupée auparavant, avant lui, par Prosper Hoez. Vous connaissez le mauvais gré, vous savez ce que c'est, existe-t-il dans la commune d'Ewars? — R. Non, monsieur, non, on ne peut pas supposer qu'il existe là.

D. Mais alors, trouve-t-on facilement à louer à d'autres fermiers? — R. Je n'ai pas encore eu occasion de changer.

5ᵉ Témoin. — Talfer, 58 ans, cultivateur à Ewars. — J'ai été le 24 à Cambrai pour renouveler bail. M. Ribeauville voulait d'abord 55 fr.; puis il a réduit à 52 fr. 50. Potier a refusé. En sortant, Deneubourg a proposé de reprendre la terre.

D. Qu'a dit Potier? — R. Il a dit qu'il était prêt à reprendre à 50 fr.

6ᵉ Témoin. — Lefebvre dit Cadet (Adolphe), 24 ans, cultivateur à Ewars. — D. Vous vous êtes trouvé à la Madeleine avec d'autres d'Ewars, vous avez joué au billon? — R. Oui.

D. Potier y était aussi, que disait-il? — R. Il ne disait rien du tout.

D. Mais est-ce que chaque fois que c'était à lui à jouer, on n'était pas obligé d'aller le chercher? — R. Oui.

D. Pourquoi? — Il causait avec Delfolie.

D. Etait-il animé? — R. Mais je ne sais pas.

D. Enfin vous n'avez plus voulu jouer avec lui? — R. Non.

A Potier. — Vous voyez que ce n'est pas vous qui avez voulu cesser de jouer. — R. Je n'ai plus voulu jouer à trois contre un.

D. Au témoin. A-t-il dit cela? — R. Oui.

D. Mais vous venez de dire que c'est vous qui n'avez plus voulu jouer avec lui parce qu'il était distrait.

7ᵉ Témoin. — Desoteaux (Noël), cabaretier, 17, rue de la Prison, à Cambrai. — J'ai joué au billon avec Talfer et Potier.

D. Comment était Potier? — R. Il jouait comme un joueur ordinaire.

D. N'avez-vous pas eu à le rappeler parce qu'il n'était jamais à son jeu? — R. Il était occupé avec Delfolie, et il a dit que c'était parce qu'il était en marché.

D. Il n'a pas parlé de Deneubourg? — R. Non.

D. Est-ce que c'est lui ou vous qui n'avez plus voulu jouer? — R. Je ne me rappelle pas.

D. Enfin, ça vous ennuyait de toujours le voir s'en aller, tellement que l'on n'a plus joué avec lui. Chez Gresillon, est-ce qu'on n'a pas dit à Potier fils, va rejoindre ton père, il est chez Lerouge, il peut avoir des raisons avec Denenbourg, va voir? — R. Oui.

D. Vous avez dit qu'il n'y avait rien eu de convenu entre Potier et Deneubourg pour la terre? — Oui, monsieur.

8ᵉ Témoin. — Lesnes (Pierre-Joseph), cultivateur à Ramillies. — J'ai, le 24 septembre, passé vis-à-vis la Montagne, c'était la foire, j'entendais parler haut dans le cabaret, je me suis dit ce sont des marchands de foire, je suis entré dans le cabaret, ils étaient occupés à boire, il pouvait être huit heures et demie, il y avait Huart, Deneubourg et Potier, il y avait aussi Charles Hoez; je me suis dit : il faut que je m'en retourne; Potier et Hoez sont sortis en même temps que moi pour satisfaire un besoin.

D. Comment Charles Hoez était-il assis dans le cabaret. — R. Sur une chaise, les bras appuyés sur le dos de la chaise, à cheval; il avait le menton appuyé sur les bras.

D. Est-ce qu'il ne regardait pas Deneubourg? — Je n'y ai pas fait attention.

D. Vous avez entendu Potier père dire à son fils, retourne-t'en, ta femme t'attend. — R. Oui, et Potier fils a dit, elle est à l'abri, il pleut, et il s'est rassis un instant sur la table.

D. Qu'avez-vous entendu dire à Potier lorsqu'il est sorti du cabaret un instant, pour satisfaire un besoin? — R. Il a dit retournez vous en, je retournerai seul avec lui.

D. Pendant qu'il disait cela, qui avez-vous vu, à qui parlait-il, est-ce que ce n'était pas à son fils et à Charles Hoez? — R. Je ne sais pas, je n'ai vu personne, il faisait noir.

D. Vous avez dit dans l'instruction, je suppose que c'était à Potier fils et à Charles Hoez qu'il devait parler ainsi, car je n'avais vu ni entendu personne autre de la route au cabaret.

D. A Potier. — Potier êtes-vous sorti un moment du cabaret. — R. Je ne me rappelle pas bien.

D. Vous avez soutenu que vous n'étiez pas sorti, à qui avez-vous adressé ces paroles. — R. Je n'ai pas dit ça; je ne me rappelle pas si je l'ai dit. C'était aussi bien après M. Lesne qu'après d'autres. Je suppose que c'était à Lesne que je le disais.

D. Non, c'était à Charles et à votre fils.

D. A Charles Hoez. — Charles, c'était à vous. — R. Non, monsieur, Je ne sais pas.

D. Vous l'avez dit à votre oncle Prosper. Prosper l'a déclaré dans son interrogatoire.

Mᵉ E. Flamant. — Il est bon que MM. les jurés sachent que Prosper Hoez a été d'abord accusé, puis mis hors de cause.

M. le Président. — Nous l'avons déjà dit à MM. les jurés.

Mᵉ E. Flamant. — Par conséquent c'est un interrogatoire et non une déposition.

9ᵉ Témoin, femme Lerouge, née Cécile Courtier.

Le 24 septembre dernier, vers 8 heures et demie Deneubourg est venu chez nous avec Delfolie et Lefebvre, son neveu, à Ewars, il demanda des chopes et une en plus pour Huard qu'il sortit chercher pour l'inviter. Quand ils ont arrivé chez moi ils ont parlé de la pluie, et comme le mauvais temps avait cessé, Delfolie a engagé Deneubourg à partir, on allait partir quand est arrivé Potier.

D Qu'à dit Potier à Deneubourg? — R. Il lui a dit: Je croyais bien jean f.... mais je ne croyais pas que tu l'étais tant que ça encore. Là-dessus tout le monde est rentré. Po-

er dit à Deneubourg qu'il avait eu grand tort de prendre la
erre. Deneubourg faisait ce qu'il pouvait pour calmer Potier.
 lui disait: tu as grand tort de n'être pas content, je te re-
settrai la terre quand tu voudras, et il lui disait en lui pré-
entant la quittance, je la ferai passer à ton nom.

D. Et que répondait Potier ? — R. Il était très furieux,
l disait des invectives à Potier.

D. Il a fallu beaucoup de patience à Deneubourg pour les
upporter ? — R. Oui.

D. N'a-t-il pas offert la quittance par 3 fois. — R. Oui,
t Potier à toujours refusé. Ensuite Potier fils et Charles
Hoez sont arrivés. Potier père a dit à son fils que sa femme
l'attendait au pont d'Erre: Charls s'est assis à cheval sur
ne chaise, il avait l'air sévère et il regardait Deneubourg.

D. Oui, si singulièrement que vous en fîtes la remarque,
t que vous en avez parlé à votre mari. — R. Oui.

D. Au départ vous les avez vus en groupe, — R. Ils se
dispersaient.

D. Mais vous les avez vu causer ensemble ? — R. Non,
mais Potier est rentré, j'ai vu Potier fils et Hoez, partant de
côtés différents.

D. Potier père s'est alors trouvé seul avec Deneubourg
et Huard, que lui a-t-il dit ? — R. Il lui a fait des reproches,
puis pendant que Deneubourg était sorti un instant avec
Huard pour satisfaire un besoin, Potier est resté seul, je lui
ai entendu dire pendant que je préparais le café, ah tu t'en
souviendras, ah, tu ne t'attends pas à ce que tu vas avoir en
revenant, il avait la tête appuyée comme ça sur sa main
droite, il tenait de l'autre sa casquette. Je l'ai regardé et je
me suis dit en moi-même: c'est un drôle de mot.

D. A Potier. — Vous entendez, Potier, la femme Lerouge
vous a entendu dire: ah, tu t'en souviendras, tu ne te doute
pas de ce qui va t'arriver.

Potier. — C'est faux. Elle a dit aussi que j'avais repoussé
Delfolie en entrant. Comment a-t-elle pu me voir de son
comptoir.

Le témoin. — Je n'étais pas à mon comptoir, j'étais debout
près d'une fenêtre.

Potier.—Ce qu'elle dit c'est faux, c'est une humeur qu'elle
a contre moi, son mari lui aura commandé de dire çà.

D. A cause des 50 fr., n'est-ce pas ?— R. C'est plutôt certain.

D. Au témoin. Est-ce que votre mari et vous avez de la
haine contre Potier à cause d'une somme qu'il vous devait pour
un bon numéro que votre mari aurait promis à son fils ; est-
ce que votre mari prétend avoir le pouvoir de faire prendre
de bons numéros ?

Le témoin, riant. — Mais non, jamais il n'a promis un bon
numéro pour son fils, et jamais il n'a réclamé 50 fr. à Potier.

Un débat s'engage entre l'accusation et la défense sur la
place qu'occupait le témoin, et s'il a pu voir Potier bousculer
Delfolie en entrant.

Des explications du témoin, il résulte que Potier est entré
brusquement, que Delfolie était dans un espèce de corridor
qui mène à la porte et que pour s'approcher de Deneubourg,
Potier a dû pousser Delfolie.

Le témoin déclare qu'elle ne l'a pas vu, mais qu'elle l'a
pensé.

Me E. FLAMANT. — Ainsi la femme Lerouge qui avait toujours dit que Potier avait poussé Delfolie, vient de reconnaître qu'elle ne l'a pas vu ; je tiens à faire constater ce fait.

D. Au témoin. Que s'est-il passé ensuite ?—R. Mon mari
est rentré ; puis ils sont partis tous les trois, Huard, Potier
et Deneubourg, Potier est sortis le premier, Huard et Deneubourg ont causé quelques instants ensemble. J'ai entendu
Deneubourg appeler Potier en lui disant : Potier, tu ne m'attends donc pas. Je n'ai pas entendu Potier lui répondre, puis
j'ai fermé ma porte.

D. Ensuite qu'avez-vous entendu ? — R. Une demi-heure
après, j'ai entendu Potier qui repassait en criant, avancez
tas de laches, seriez-vous 5, seriez-vous 6, je n'ai pas peur
de toi.

D. Marchait-il vite ? — R. Oui.

D. Vous avez dit comme un dragon, vous avez bien reconnu sa voix ?— R. Oui.

D. A Potier. — Potier, c'est vous qui passiez ? — R. C'est
possible.

D. Vous l'avez dit tantôt, ainsi vous couriez?— R. Il est
possible que je *précipitisse* le pas.

D. Au témoin. — Vous n'avez point entendu les pas d'une
autre personne ? — R. Non.

D. Vous n'avez pas entendu ce que Potier disait à Deneubourg à propos de la terre ? — R. Non, je ne lui ai pas entendu beaucoup, je ne faisais pas trop attention.

D. Ont-ils dit que Deneubourg l'avait prise pour Potier ?
— R. Je ne sais trop.

M. le PROCUREUR-GÉNÉRAL.—Deneubourg n'a-t-il pas dit:
Je te donne 15 jours, tu viendras me demander à déjeuner
et je te la rétrocéderai ; lorsqu'il proférait ses menaces en
roulant sa casquette, pendant que Deneubourg était sorti,
est-ce que Potier n'a pas dit, de la terre, tu en auras, eh bien
on t'en donnera.

Le témoin. — Je n'ai pas entendu ça.

10e *Témoin.* — Charles Lerouge, 44 ans, cabaretier et
blanchisseur à Ramillies. — Le 24 septembre dernier, je suis
rentré à 9 heures 25 du soir, j'ai trouvé Huard, Potier et
Deneubourg qui buvaient du café. Potier faisait ses reproches à Deneubourg à propos de la terre, Deneubourg lui
répondait, mais j'ai fait le marché, viens dans 8 jours, dans
15, je te la repasserai.

D. Que disait Potier ? — R. Il disait je n'en veux pas,
quand tu auras des terres à repasser bail, j'irai à Cambrai,
je les enchérirai, quand on les vendra, je les achèterai ; tu
te faches, répondait Deneubourg, je ne m'attendais pas à ça.
j'ai entendu Potier se disant à lui-même en s'en allant dans le
corridor : Tu ne t'attends pas à ce que tu vas avoir tout-à-
l'heure.

D. N'a-t-il pas dit : Tu veux en avoir de la terre, tu en

auras. ? — R. Non je n'ai pas entendu ça, car il sortait du corridor, Deneubourg disait, enfin, nous ne nous battrons pas pour cela, moi je suis bon, et Potier a répondu, moi aussi, je suis bon, mais je suis court. Puis, on voulut boire une bouteille de vin, mais ma femme fit observer qu'il était trop tard, Huard a dit : il faut faire le compte ; ma femme a réclamé le café, deux gouttes...

D. Ceci n'a pas d'importance. Potier était il en colère ? — R. Non pas trop, il fallait de la patience à Deneubourg ; ils sont partis vers dix heures, Potier est sorti le premier Huard et Deneubourg sont partis ensuite ils ont causé devant la porte, et j'ai entendu Deneubourg qui disait à Potier qui était devant, mais attends moi donc, je n'ai pas entendu ce qu'a répondu Potier; puis, Huard et Deneubourg se sont quittés. 25 minutes après, j'ai entendu la voix de Potier, « avance, avance, tas de lâches, quand vous seriez 6 ou 10, je n'ai pas peur. » Puis, comme je n'entendais rien je ne suis pas sorti, je me suis couché, m'a femme est restée levée.

D. Quel était le pas de Potier ? — R. Il était ferme et assuré, on l'entendait sur le pavé comme ça, (le témoin fait résonner son pas sur le parquet de la salle d'audience (On rit).

D. Puis, vous n'avez plus rien entendu ? — R. Non, mais devant la maison de Lerouge, je l'ai entendu qui répétait les mêmes paroles ; il s'en allait pour aller du côté d'Ewars. Puis, plus tard, mon frère est venu me dire que des gens d'Ewars, il y en avait un de tué, et que le garde était avec un autre qui était presque mort, je me suis empressé de sortir, et chez Grésillon, j'ai trouvé Potier avec d'autres ; en entrant, j'ai dit : est il vrai qu'il y ait un homme tué. On m'a dit oui, Deneubourg est tué, et alors, j'ai dit à Potier, comment se fait-il que ce soit Deneubourg qui soit tué, puisque c'est vous qui êtes parti le premier. Il m'a répondu : il s'est avancé sans doute, pendant que moi je me sauvais et que quatre ou cinq me poursuivaient auprès de la maison de Marie-Claire. Il a ajouté : c'est un grand malheur, nous avions passé la journée ensemble, nous avons bu, nous avons ri, nous avons eu des raisons, mais c'était pour la frime, il a été tué pour moi, car j'avais montré mon argent partout.

D, Et vous avez cru ce qu'il vous disait? — R. Je l'ai cru sans le croire, je n'ai ajouté foi à rien, j'ai écouté.

D. Il disait qu'il avait reçu un coup dans le côté?—R. Oui.

D. Et vous avez même dit au juge d'instruction que vous ne compreniez pas alors qu'il put courir ? — R. C'est bien probable. Le garde-champêtre est allé chez le maire, puis nous avons été sur le lieu du crime.

D. Avec Potier ? et comment marchait-il ?—R. Il marchait comme nous et nous marchions comme lui, seulement il parlait toujours.

D. De sa douleur ? — R Non.

D. Et croyait-on à ce qu'il disait ? — R. En chemin, on disait, il parle toujours.

D. Est-ce qu'on ne haussait pas les épaules à son récit, ne disait-on rien ? — R. Je n'ose pas l'affirmer, je ne sais pas si l'on avait des soupçons. On disait à Potier tu ferais bien de rentrer chez toi, il ne s'est pas décidé à y aller. De là nous sommes retournés au cadavre, puis nous sommes revenus chez Gresillon.

D. Votre femme ne vous a-t-elle pas parlé de la manière dont Hoez avait regardé Deneubourg? — R. Elle m'a dit qu'Hoez s'était assis à cheval sur une chaise et qu'il avait regardé Deneubourg.

D. Vous avez été confronté avec Potier et il a dit que vous ne disiez pas la vérité. — R. Oui mais pourquoi mentirais-je ?

D. C'est ce que vous avez dit, auriez-vous quelqu'animosité contre Potier ? — R. Non.

D. Il ne vous avait rien promis. — R. Non.

D. Ne deviez-vous pas dire des prières pour que son fils ait un bon numéro. — R. Je ne connais pas tout ça, il peut le prétendre, mais ce n'est pas vrai. Je ne lui en veux pas, au contraire, à l'occasion, je me suis toujours amusé avec lui, comme des amis, nous nous disions même cousins, pas proches cousins.

Potier. — Tout ça c'est faux.

Un juré. — Le témoin veut-il dire le temps qui s'est écoulé entre la sortie de Potier et le moment ou il est revenu passer devant le cabaret.

M. le Président au témoin. — Vous entendez, combien s'est-il écoulé de temps entre le moment ou Deneubourg s'adressant à Potier lui disait attends moi, et le moment ou Potier est repassé devant votre maison en marchant d'un pas ferme ?

Le témoin. — 25 minutes, juste.

D. A Potier — Puisque vous aviez peur de ces assaillants dont vous parlez, pourquoi n'êtes vous pas rentré chez le témoin. — R. J'étais troublé par ceux qui m'attaquaient, ça ne m'est pas venu à la pensée.

M. le Procureur-Général.—Mais ce bruit est intolérable. (En effet, après la déposition de chaque témoins, quelques personnes sortent de l'audience, et un grand nombre de personnes qui se pressent à la porte cherchent à entrer;) que l'on fasse venir le chef du poste nous lui donnerons des ordres.

Le chef du poste est en bas, à la porte d'entrée du Palais, donnant des ordres pour que le piquet maintienne la foule.

Un sergent s'approche de la Cour.

M. le procureur-général. — On perd 5 minutes entre chaque déposition de témoin, que cela ne se renouvelle pas, qu'on ferme la porte.

11e *Témoin.* — Lerouge (Antoine), blanchisseur à Ramillies, âgé de 32 ans. — Le 24 septembre dernier, j'allais chez mon frère Lerouge, Charles (le précédent témoin), reporter une choppe, il était 9 heures 1/2. Potier y était, il faisait des reproches à Deneubourg à l'occasion de sa terre que Deneubourg a reprise en location. Deneubourg disait, montrant la quittance, tiens, si tu la veux, la voilà. Potier refusait. Deneubourg lui répétait si tu la veux dans 15 jours, dans 8, je te la donnerai. Un des deux interlocuteurs dit à l'autre :

us nous battrons pas pour cela. Deneubourg dit qu'il avait été attaqué une fois par deux ou trois hommes sur le pont d'Iwing, qu'il avait reçu des coups, mais qu'il en avait donné. En sortant de chez mon frère, sur le pas de la porte, j'entendis un pas précautionneux sur le petit pont, je ne pus voir qui c'était, je ne puis dire où l'on était, mais il fallait que la personne me connût pour se cacher de l'autre côté de celui qu'il me fallait prendre pour rentrer à ma maison. J'attendis quelques instants, mais l'individu qui se cachait ne bougea pas.

D. Puis vous avez soupé, et vous avez dit à votre femme que vous aviez cru qu'il y avait quelqu'un qui regardait en dehors aux fenêtres de votre frère? — R. Oui, vers 10 heures 1/2, j'ai entendu Potier qui criait canailles, vagabonds, arrivez, il marchait d'un pas ordinaire.

D. Vous avez écouté? — R. Croyant qu'il y avait quelque chose, nous avons écouté, mais nous n'avons entendu que la voix de Potier; ma femme et moi nous avons repris notre travail; vers 11 heures 1/2, la fille du garde est venu m'appeler, elle me dit qu'on avait arrêté deux hommes d'Ewars, que Deneubourg était tué, que Potier était à moitié mort; qu'il était *esquinté* chez Gresillon. Potier fit des imprécations contre l'assassin, disant ce pauvre Deneubourg a payé pour moi, c'est bien à moi qu'on en voulait, car j'avais eu tort de montrer mon argent plusieurs fois dans la journée; que lui il avait été assailli par plusieurs individus, qu'il s'était sauvé dans le champ de betteraves de Dupont.

D. Qu'a-t-on pensé de ce récit? — R. On a pensé que c'était une drôle d'affaire, qu'un homme qui était avec Potier eût été tué sans que Potier sut par qui.

D. D'après Potier, il aurait été attaqué par une vingtaine d'individus, et c'est en voyant l'incrédulité de ceux qui l'écoutaient, qu'il a réduit ce nombre d'abord à 10, puis à 5 ou 6. Ne lui avez-vous pas dit aussi quand il se plaignait des coups de bâton qu'il avait reçus, mais si vous avez reçu des coups de bâton, par le temps qu'il fait, votre blouse doit été tachée de boue, par les bouts des bâtons? — R. Oui, mais il a répondu, je ne sais pas bien si ce sont des coups de bâton ou des coups de poing que j'ai reçus. Le fils de Deneubourg est arrivé, il a dit, je veux savoir si mon père a été tué pour son argent; il a cherché dans ses poches et il a trouvé 240 fr.; il a trouvé aussi sa montre et la quittance.

D. Est-ce qu'il n'a pas accusé Potier et que celui-ci n'a pas répondu, pour qui me prends-tu? — R. Je ne saurais, mais Deneubourg fils a dit demain : il fera clair.

D. Est-ce qu'auprès du cadavre, Potier n'a pas renouvelé ses plaintes des coups qu'il aurait reçus? — R. Oui, monsieur.

D. Par où Potier a-t-il dit s'être sauvé? — R. Par un champ de betteraves en face du cadavre.

D. Potier a dit par le champ de Dupont.

Me E. Flamant. — Le témoin dit un champ en face du cadavre. Ce serait le champ de Sallé.

M. le Procureur-Général. Il ne faut pas faire d'équivoques, le maréchal-des-logis a déclaré qu'on avait cherché, qu'on avait été à tous les champs indiqués par Potier.

Le maréchal-des-logis Mastin est rappelé. — D. Quel champ vous a montré l'accusé? — R. Le champ qui est presqu'en face la maison de Gresillon.

D. Le champ de Dupont? — R. Je ne savais pas à qui il appartenait.

D. Enfin, c'est bien le champ qui touche à la maison de Marie-Claire. — R. Oui.

Me E. Flamant. — M. le Président veut-il demander au témoin Lerouge où il place le champ que lui a montré l'accusé; est-il vis-à-vis du cadavre, est-il tout à côté, le champ que Potier a montré à Lerouge, est-ce le même que celui qu'il a montré au maréchal-des-logis?

Le témoin. — Je ne saurais dire.

D. Au maréchal-des-logis. — En tous cas on a visité tous les champs de betteraves aux environs. — R. Oui, monsieur le Président, et rien trouvé.

Me E. Flamant. — Il y a 150 mètres du lieu du crime au champ visité par le maréchal-des-logis, je demanderai qu'on fasse nettement au témoin la question suivante : le champ que lui a montré Potier était-il en face du cadavre?

M. le Président. — Le maréchal-des-logis vient de déclarer qu'il a cherché dans tous les champs de betteraves

Me E. Flamant. — Je crois faire mon devoir en insistant sur cette question; je m'en rapporte à l'impartialité de M. le Président.

M. le Procureur-Général. — Du tout, du tout, nous ne voulons pas d'équivoque, la question sera posée. Etait-ce en face du cadavre?

Le témoin. — Il m'a dit c'est par là que je me suis sauvé.

Me E. Flamant. — Mais le témoin a dit tout à l'heure que c'était en face du cadavre.

Le témoin. — Si je l'ai dit, je ne puis pas le promettre, il a montré en disant c'est par là que je me suis sauvé.

12e *Témoin*. — Ségard, Alexandre, âgé de 18 ans, né à Ramillies.

Le 24 septembre, j'étais attablé à boire au cabaret de Gresillon, avec Prosper et Charles Hoez; vers huit heures et demie du soir, des personnes d'Ewars entrent au cabaret où était assis Potier fils; j'ai entendu Prosper Hoez dire à Charles Hoez va voir *à la Montagne* et s'il y est tu viendras nous dire quoi, il ne faut pas y aller seul de peur de le manquer, et Charles a répondu, s'il y est encore, nous allons lui en donner une que le diable aura pitié de sa peau et il sortit là dessus. Je n'ai pas entendu parler de la terre; Une demi heure après environ que Charles était parti avec Potier fils, je me suis en allé et j'ai vu auprès d'une fenêtre de Lerouge, Charles Hoez et Potier fils qui causaient ensemble, je leur ait dit bonsoir *Ch'Coq*, il ne m'a pas répondu.

D. Etaient-ils sur la route? — R. Ils étaient contre les fenêtres, ils avaient l'air de regarder dedans; je me suis en allé.

D. Depuis n'y a-t-il pas des personnes qui vous ont dit que vous aviez eu tort de parler comme vous l'aviez fait, et que vous vous attireriez un mauvais parti. Il ne faut pas avoir peur. Quelles sont ces personnes ? — R. Les unes m'ont dit que j'avais bien fait, les autres que j'avais mal fait.

D. Vous avez répondu que vous aviez parlé selon votre conscience et suivant la vérité.

Me HATTU. — Le témoin est-il sûr que cette seconde partie du propos ; s'il y est encore, nous lui en donnerons une dont il se souviendra, soit de Charles Hoez, ou bien n'est-ce pas Prosper Hoez qui l'a tenu au contraire.

Le témoin. — C'est Charles Hoez.

13e *Témoin*. — Vaillant (Joseph), 26 ans, charpentier, à Ewars. — Vers les six heures du soir, le 24 septembre, j'étais chez Gresillon. Delfolie est arrivé et il a dit à Potier fils que c'était Deneubourg qui avait repris la terre, que son père était avec Deneubourg au cabaret de Lerouge et qu'il ferait bien d'y aller ; Potier fils s'y rendit. Pendant son absence, Charles Hoez dit : C'était pour moi cette terre, mais je lui en f.... une dont il se rappellera.

D. Est-ce que Prosper Hoez n'a pas voulu se lever avec lui, pour lui prêter main forte, mais que Decarpigny l'a fait asseoir en lui disant : restez, ça ne vous regarde pas.—R. Oui.

D. Charles Hoez est resté combien de temps ? — R. Une demi-heure environ.

D. N'avez-vous rien entendu ? — Si, nous avons entendu un bruit sourd ; nous sommes restés pour voir ce que c'était, Charles venait le long de la maison et Prosper était à la porte.

D. Qu'est-ce qu'Hoez vous a dit ? — R. Il nous a dit il n'y a rien, ce sont des brebis effrayées par l'orage qui viennent de passer. Nous lui avons dit, qu'avez vous Charlot, vous avez l'air troublé, et comme il était parti en faisant des menaces, on lui a demandé s'il s'était battu, il a dit non. Ce sont les moutons qui m'ont fait peur.

D. Charles ne revenait-il pas du dépôt de bois. — R. Je ne sais pas, il revenait du côté de la *Montagne*. Le lendemain 25, je lui ai demandé à l'atelier, écoute un peu, est-ce que tu ne serais pas trempé la dedans, il m'a dit non, ce n'est pas moi.

D. Est-ce que vous n'avez pas remarqué qu'il ne travaillait pas comme d'habitude. — R. Je ne me rappelle pas.

D. Vous l'avez dit ? — R. Il est possible que je l'ai dit, mais je ne me le rappelle pas.

D. Prosper et Charles Hoez n'ont pas voulu vous attendre pour partir avec vous? — R. Non, ils n'ont pas attendu.

D. Avez-vous attendu que la femme Gresillon leur ait fait une invitation inconvenante ? — R. Non, elle les a engagés, sans les engager.

Me HATTU.—Quels vêtements Charles avait-il le lendemain, en avait-il changé ?

Le témoin. — Je crois que c'étaient les mêmes.

14e *Témoin*. — Decarpigny, Charles, 22 ans, maçon à Ewars. — Nous venions de terminer une grange et nous buvions une bonisse de 10 pots de bière. Arriva Delfolie, il dit à Potier fils, tu ferais bien d'aller à la *Montagne*, ton père y est avec Deneubourg, et ils pourraient avoir des raisons ensemble. Charles Hoez s'est levé en disant : je croyais

avoir cette terre, et il est parti avec Jean-Baptiste. Prosper Hoez voulait se lever, je lui ai dit: restez, ces affaires ne vous regardent pas. Vers neuf heures et demie nous avons entendu un bruit sourd, nous avons été voir, Prosper était à la porte. Charles venait cotoyant les maisons. Nous avons demandé ce que c'était que ce bruit ; il a dit que c'était des moutons.

D. Avez-vous vu des moutons? — R. Non, du reste je n'aurais pas pu les voir, il faisait noir, mais j'aurais reconnu le bruit.

D. C'est certain, le bruit aurait été prolongé et celui que vous avez entendu était un bruit sec. Le lendemain vos soupçons ne se sont-ils pas éveillé.

Le témoin. — Oui, je me suis rappelé le trouble de Charles et ses paroles, et je lui ai dit: tu en as dit de droles hier. Il m'a répondu : bah je ne m'en rappelle pas,

Me HATTU. — Je désirerais demander au témoin s'il a vu Prosper Hoez causer avec Charles. — R. Non je ne l'ai pas vu, du moins je ne me le rappelle pas.

M. le Président. — Mais il aurait pu lui parler sans que vous vous en soyez aperçu — R. Oui.

15e *Témoin*. Florimonde Cauchy. femme Gresillon, 47 ans, débitante de boissons à Ramillies.

Le 24 septembre dernier, Charles et Prosper Hoez, travaillaient à la maison, je leur ai payé 10 pots de bière, Delfolie a dit à Potier fils d'aller *à la Montagne* où était son père et Deneubourg. Decarpentry et Vaillant ont soupé avec nous, nous avons entendu un coup frappant, Prosper était à la porte, Charles arrivait. Il avait l'air si ému que je lui ai dit : Charles est-ce que vous venez de vous battre ? ils n'ont pas soupé avec nous. Je leur ai dit : je ne vous engage pas à souper, parce que nous n'avons pas assez. Ils n'ont pas voulu attendre Decarpentry et Vaillant. Vers onze heures le garde est venu en disant il est arrivé un grand malheur, j'ai un homme assassiné, à la porte j'en ai un autre qui est à moitié mort. Je suis vite arrivée, même sans me donner le temps de prendre une chandelle ; j'ai vu Potier, il disait je suis un homme perdu, je n'en reviendrai jamais de celle-là et il portait la main à son côté. Il disait avoir reçu des coups de bâtons et des coups de poings, qu'il avait été frappé un peu plus loin que les champs de betteraves. Je lui ait dit mais Deneubourg était tout près de vous, il était encore dans le village, comment se fait-il alors qu'il ait été tué dans le devant, ça m'étonne, Potier, ce que vous me dites là. J'ai repris où vous avez-vous sauvé ; il a dit sur la *frête* (crête) : le garde lui a dit : mais la frête a plus d'un mètre de hauteur, on devait vous tuer, quand vous la montiez, Je lui ait dit au lieu de vous en sauver chez le maire qui est beaucoup plus loin, vous aviez plus proche de venir chez nous, de nous appeler à votre secours. Potier a encore dit: Deneubourg a payé pour moi, c'est moi qu'on voulait assassiner à cause de mon argent. Nous lui avons dit : restez avec nous au lieu de vous en aller, et alors il a dit. non je n'ai presque plus rien, ma famille est peut être inquiète, puis dans la nuit il est revenu d'Ewars avec mon mari et le garde champêtre. Le endemain Charles Hoez est revenu travailler. J'étais très épouvanté, mais j'ai remarqué qu'il avait l'air préoccupé.

D. Les explications de Potier, y croyait-on généralement ? —R. Je n'en sais rien.

D. Mais vous? — R. Moi, je pensais.

D. Eh bien y croyiez-vous? — R. Dam, je ne suis pas âge, moi.

D. Mais vous avez dit devant le juge d'instruction que tout ça vous donnait des soupçons? — R. Si je l'ai dit, c'est bien possible.

Me HATTU. — Le témoin a-t-il remarqué si Hoez avait changé de vêtements le lendemain pour venir travailler.

Le témoin. — Non, je n'ai pas remarqué.

16e *Témoin.* — Chatelin (Adolphe), 29 ans, journalier à Ramillies. — Le 24 septembre, vers le quart de 10 heures du soir, j'ai entendu passer un homme derrière ma maison, il courait ; j'ai entendu un bruit comme lorsqu'on laisse tomber quelque chose.

D. Votre cave où vous étiez est sous le sentier qui passe derrière votre maison? — R. Oui, cet homme semblait aller du côté de la charpente du bal.

D. Puis deux ou trois minutes après vous avez encore entendu des pas ? — R. Oui, c'était sur le pavé.

17e *Témoin.* — Huart Vital, instituteur à Ramillies, âgé de 25 ans. — Le 24 septembre, Deneubourg est passé près de la maison, il m'a invité à prendre un verre de bière. J'ai entendu les reproches que faisait Potier à Deneubourg.

D. Vous ne pensez pas qu'une convention avait été passée auparavant entre eux quant à la terre? — R. Non, monsieur. Puis nous sommes sortis vers dix heures du soir. Nous allâmes tous trois ensemble vers le pavé, Potier me souhaita le bonsoir. Deneubourg resta quelques secondes avec moi, Potier s'est éloigné pendant que Deneubourg me disait adieu. Alors Deneubourg a dit: Jacques êtes-vous là? Potier n'a pas répondu. Deneubourg a repris, mais nous allions nous en aller ensemble, alors j'ai entendu Potier dire je suis là. A la voix j'ai bien entendu qu'il était à 5 ou 6 mètres. Deneubourg m'a quitté alors et je suis allé coucher.

D. Dans votre conviction Deneubourg a du rejoindre bientôt Potier. — Oui, en face de chez Antoine, peut-être, car il était très près.

D. Potier, vous entendez ce que dit le témoin. Il dit qu'au son de votre voix, il a reconnu que vous n'étiez pas à plus de 5 ou 6 mètres.

Potier. — J'étais plus loin.

D. Mettons 10 mètres si vous voulez.

Potier. — J'étais à plus de 150 mètres.

D. Le témoin dit le contraire, mais l'on comprend votre réponse, car enfin vous étiez avec Deneubourg, il est tué, et vous comprenez que si l'on constate que vous étiez avec lui, on vous demandera compte de la vie de cet homme. — R. Il était bien derrière moi.

D. Alors, comment se fait-il qu'il ait été tué en avant, à 325 mètres de chez Gresillon.

18e *Témoin.* Vasseur, maire de Ramillies, âgé de 52 ans.

Le 24 septembre, à dix heures et demie, j'étais couché, on est venu frapper à ma porte, je n'ai pris que le temps de passer un pantalon, et j'ai ouvert. C'était Potier, d'Ewars qui criait : ouvrez vite, bien vite, je viens déposer d'un fait qui vient de se passer sur votre terroir.

D. Ainsi, c'était en votre qualité de maire qu'il s'adressait à vous. — R. Puis il m'a dit : ils étaient trois ou quatre qui sont tombés sur moi- j'ai reçu des coups sur les épaules, sur la tête, les coups tombaient drus comme grêle; tenez, tenez, je les entends, moi, j'ai écouté, je n'ai rien entendu. Il m'a dit: vous n'avez pas une arme à me donner, je lui ai donné un manche à balai, il s'est en allé, j'ai encore écouté mais je n'ai entendu que sa voix, encore après je l'ai entendu qui criait par derrière en passant, et en reprenant le chemin d'Ewars, seulement je n'ai pu comprendre ce qu'il disait.

D. Il a bien parlé de coups. — R. Oui, il a dit ça tombait drû comme grêle sur notre tête.

D. Sur notre tête, vous avez compris alors qu'ils étaient deux qu'on avaient attaqués. — R. Oui, oui, il a dit sur notre tête, au pluriel.

D. Avait-il l'air blessé. ? — On ne voyait pas, une demi-heure après le garde est venu chez moi dire qu'il y avait un homme de tué, j'y ai été au matin.

D. A Potier. — Vous entendez, vous vous adressiez à Vasseur, en sa qualité de maire, vous lui avez dit je viens vous déposer d'un fait qui s'est passé sur votre terroir. — R. J'ai été chez Vasseur parce que je le connaissais.

Le témoin. — Il a ajouté, je crois bien que Deneubourg est resté sur le carreau s'il n'a pas pu s'échapper ; j'ai le matin été près du cadavre, j'ai remarqué une trace de pas qui allaient à un champ entre les deux chemins,

Me E. FLAMANT. — Je demanderai à M. le maire de quel champ il entend parler, ce champ relativement au cadavre n'était-il pas plus rapproché que celui de Dupont.

Le témoin. — Oui, il était à 10 mètres environ.

M. le PRÉSIDENT, à Potier. —Mais jusqu'aujourd'hui, vous avez toujours dit que vous vous étiez sauvé par le champ de Dupont. — R. S'il y avait d'autres betteraves, je ne sais pas par lequel je suis passé.

D. Mais la distance est assez grande entre les deux champs, il y a plus de 230 mètres ; vous avez toujours dit qu'en sortant du champ de Dupont, les individus vous attendaient près de la grange de Marie-Claire. Cette grange est au coin du champ de Dupont. —R. J'ai peut-être traversé l'autre.

D. Soit, alors vous étiez à côté de Deneubourg quand il a été tué si vous avez pris pour vous sauver ce second champ.

Me E. FLAMANT. — Les traces de pas qu'on a remarqués s'appliquaient-elles aux chaussures des accusés.

Le témoin. — Non, j'ai déclaré que ce n'étaient pas elles qui avaient laissé ces empreintes.

M. le PROCUREUR-GÉNÉRAL.—On n'a représenté au témoin que les chaussures de Charles Hoez.

19e *Témoin.* —Angélique Millot, femme Antoine Lerouge, à Ramillies. — J'ai entendu une voix qui criait: tas de canailles, avancez, je n'ai pas peur ; c'était la voix de Potier, je suis sortie, je n'ai vu personne avec lui.

Potier. — De la maison au marais où ils étaient la femme Lerouge ne pouvait les voir.

20e Témoin. — Sourmai (Jean-Baptiste), garde-champêtre à Ramillies, 50 ans. — Le 24 septembre 1862, à 10 heures 1/2 du soir, on a frappé à ma porte, c'était Potier. Je me suis levé, il m'a dit : Je viens d'être attaqué ; je lui demandé s'il avait reconnu quelqu'un, il m'a dit non, je me suis sauvé dans le champ de betteraves ; il m'a montré l'endroit.

D. Quel champ ? — R. Le champ de Dupont, qui est au coin de la maison de Marie-Claire. Il m'a dit : Je suis un homme perdu. Je lui ai fait lever sa chemise, je l'ai touché, j'ai fait tenir la chandelle à ma femme (on rit), il a fait un grand cri, mais il n'avait rien du tout ; il m'a dit, alors c'est plus haut, il n'avait rien plus haut non plus. Il m'a supplié de l'accompagner, j'ai pris ma lame, et j'ai fait venir mon gamin qui a 19 ans. Il m'a dit : Je veux savoir ce qu'est devenu Deneubourg ; il m'a montré l'endroit où il avait été attaqué, c'était au bout du champ de Dupont. Je marchais devant avec mon fils, j'aperçois à 140 mètres plus loin quelque chose par terre. J'avance, c'était le corps de Deneubourg, je lui prends la main, il l'avait presque froide, sa figure était pleine de sang, alors j'ai dit, après lui avoir passé la main sur la figure, il es tué, bien tué. Je ne sais si Potier lui a touché la figure avec sa main. Alors nous avons été prévenir Gresillon, nous avons mis un peu sur le côté du chemin le corps de Deneubourg pour que les voitures ne passent pas dessus, puis j'ai prévenu le maire d'Ewars, la femme de Deneubourg et son fils, celui-ci est venu, il a regardé si son père avait été volé, et il a pris son argent, sa montre et une quittance.

D. Quand vous êtes allé chez Gresillon vous aviez du sang à la main, car vous aviez touché la figure de Deneubourg, vous aviez dit à Potier de la toucher aussi ; Potier avait-il aussi du sang ? — R. Non, je lui en ai fait l'observation, et il a prétendu que c'était précisément à l'endroit de la joue où il n'y avait rien qu'il avait dû toucher. Je lui ai demandé si Deneubourg avait eu une chicane, il m'a dit qu'il était en avant de Deneubourg.

D. A Potier. — On comprend votre système, vous vouliez à toute force qu'il y eut quelqu'un, un fonctionnaire public, qui trouva le premier le cadavre de Deneubourg, vous ne vouliez pas que ce fut vous qui fussiez obligé de le déclarer ?

Au témoin. — Chez Gresillon, Potier ne disait-il pas qu'il souffrait ? — R. Oui.

D. Et après ? — R. Après, il n'avait plus rien.

D. Est-ce qu'on ne causait pas à l'oreille, croyait-on à ce que Potier disait ? — R. Je ne puis pas savoir.

D. Mais, selon vous, c'était une histoire ; pourquoi l'avez-vous accompagné à Ewars ? — Il m'en a supplié, j'ai cru qu'il avait une terreur.

D. Chez Gresillon, est-ce que Deneubourg ne vous a pas dit qu'il avait des soupçons, il ne vous a pas dit qu'il avait des soupçons sur Potier ? — R. Je ne me rappelle pas.

Me E. FLAMANT. — Est-ce que Deneubourg fils n'a pas soupçonné une autre personne ? — R. La femme de Deneubourg ; en apprenant la mort de son mari, a dit : « Telle vie, telle fin, » ou bien est-ce le fils qui a dit cela. Je n'en puis pas faire un bon compte ; mais c'est l'un des deux. Le fils nous avait indiqué un nommé Lefebvre, avec qui Deneubourg avait eu une discussion récente.

Un juré au témoin. — Combien faut-il de temps pour aller de chez Lerouge au cadavre, par exemple ?

Le témoin. — 10 minutes.

M. le Président. — Ainsi pour aller de chez Lerouge à l'endroit où le cadavre a été trouvé, de cet endroit chez le maire, puis devant Antoine Lerouge, combien faut-il de temps ? — R. 25 minutes.

Me Flamant. — Il est impossible de parcourir cette distance en un si court laps de temps.

M. le procureur-général. — La déposition du garde, cadre avec celui d'un précédent témoin, il y a en tout 500 mètres, 25 minutes sont plus que suffisantes, surtout en courant.

Me Flamant. — Cela dépend un peu des dispositions que l'on a pour la marche ou la course (On rit).

21e Témoin. — Deneubourg Charles, âgé de 18 ans (est le fils de la victime). — Les deux gardes-champêtres sont venus m'éveiller avec Potier ; Potier m'a dit, il ne faut pas t'effrayer, ton père est mort. Nous nous sommes en allés prendre un petit verre d'eau-de-vie, puis j'ai été près de papa, j'ai pris dans sa poche son porte-monnaie, et sa montre et la quittance. Nous sommes restés à Ramillies jusqu'à 5 heures du matin, chez Gresillon ; j'ai dit à Potier, pourquoi puisque tu revenais avec papa que tu l'as quitté, il m'a répondu qu'il l'avait quitté au moment où l'on l'avait poursuivi.

D. Avez-vous cru à ce qu'il vous disait, ne vous a-t-il pas semblé étrange qu'ils aient été attaqués ensemble, et que Potier n'ai rien reçu ? — R. Il disait qu'il était un homme perdu, un homme mort. J'ai eu des soupçons sur un jeune homme, mais il était retourné le soir à Ewars.

D. Est-ce que Potier ne vous a pas dit : Penses-tu que c'est moi qui ai tué ton pere ? — R. Oui.

22e Témoin. — Gresillon, Jean-Baptiste, 44 ans, cultivateur à Ramillies. — Le 24 septembre, Potier avec le garde est venu nous éveiller.

D. Mais avant, on avait été chez vous ? — R. Oui. Le garde nous a dit, il y a un homme de tué et un d'à moitié mort. J'ai ouvert.

D. Que disait Potier ? — R. Qu'il n'en reviendrait pas, et une demi-heure après il a dit qu'il allait bien, ma foi. (Rires.)

D. Avez-vous cru ce qu'il disait ? — R. Je l'aurais cru si j'avais voulu le croire.

D. Avez-vous voulu le croire, est-ce que cela ne vous a pas paru extraordinaire ?

Le témoin ne répond pas.

Il est sept heures 1/2, l'audience est levée et renvoyée au lendemain 11, à 9 heures 1/2 du matin.

Audience du 11 février.

La foule est plus nombreuse encore qu'à l'audience précédente. Un grand nombre de magistrats sont assis derrière les fauteuils de la Cour. Des dames sont assises dans la chambre du conseil.

L'audience est ouverte à 10 heures moins le quart.

L'audition des témoins continue.

23e *Témoin.* — Monscourt; cultivateur et maire d'Ewars. — Le 24 septembre, vers minuit, les deux gardes champêtres sont venus frapper à ma porte en me disant que Deneubourg avait été assassiné, ils ont été prévenir sa famille. Potier m'a raconté une histoire, qu'il avait été pour renouveler un bail dans la journée à Cambrai, qu'il s'était plaint de n'avoir pas sa contenance, qu'alors Deneubourg avait pris la terre, qu'il ne lui en voulait pas, qu'ils s'étaient rencontrés au cabaret, qu'ils étaient sortis ensemble, mais que Deneubourg était resté en arrière, que lui, à quelques pas, il avait été assailli par 4 ou 5 individus, qu'il avait pris la fuite et s'était réfugié chez le maire de Ramillies qui lui avait prêté un bâton, que le garde et son fils l'avaient accompagné, qu'on avait trouvé alors le corps de Deneubourg.

D. Potier vous a-t-il dit que ce qui s'était passé entre Deneubourg et lui pour la terre, c'était une feinte, qu'il avait pris le biais de la faire louer par Deneubourg pour lui ? — R. C'est possible.

D. A Potier. — Etait-ce convenu entre Deneubourg et vous ? — R. Oui, monsieur.

D. Eh bien alors pourquoi ces injures dont vous l'avez accablé, pourquoi l'avez-vous appelé grossier personnage ? — R. C'est que j'avais entendu dire par quelqu'un, tu crois que c'est pour toi que Deneubourg a pris la terre, mais c'est pour la garder.

D. Alors au lieu de l'injurier, il fallait lui dire simplement, est-ce pour toi ou est-ce pour me la rendre que tu as pris la terre en location. Est-ce qu'il ne vous a pas offert la quittance ? M. les jugés apprécieront.

Me E. FLAMANT. Je demanderai au témoin, s'il n'y avait pas près du cadavre un autre champ de betterave que celui de Dupont ? — R. Oui, celui de Sallé, presqu'en face du cadavre.

Me E. FLAMANT. — Est-ce que depuis l'arrestation des accusés n'y a pas eu deux incendies à Ewars ? — R. Oui, le frère de Deneubourg a été incendié.

D. Sait-on la cause de ces incendies ? — R. On n'a pu rien découvrir, seulement on les attribue à la malveillance.

Me E. FLAMANT. — Le mauvais gré existe-t-il à Ewars ? — R. Non, je ne vois pas le mauvais gré dans ma commune, on est bien disposé sous ce rapport. Je loue comme Me Ribeauville, je viens d'augmenter mes prix.

Me E. FLAMANT. — N'est-il pas à la connaissance de M. le maire, qu'il y a à Ewars et dans les communes voisines, plusieurs réclusionnaires libérés ? — Non, ce n'est pas à ma connaissance.

M. le PRÉSIDENT. — Mais cependant Ewars et les communes voisines sont infestées de mauvais gré ? — R. Non, je le répète, je suis moi-même obligé de changer de fermier.

Un juré. — Fait-on des locations publiques. Y a-t-il des enchères ? — R. Quelquefois, oui, le bureau de bienfaisance.

Le juré. — Mais les particuliers ? — R. Non.

24e *Témoin.* — Méresse Jean-Baptiste, berger à Paillencourt. — J'ai passé le 26 à Ewars. J'ai dit à Charles Hoez, j'ai eu du bonheur de n'avoir rien attrapé, je ne repasserai plus dans votre commune la nuit ; mais, ai-je dit, on saura qui a fait le coup, et si c'est Potier, on lui apprendra à siffler. Charles m'a répondu : on ne peut pas dire que c'est lui, personne ne l'a vu ; mon garçon qui était avec moi, m'a dit après cet homme avait peur, il a pâli.

D. Et vous, l'avez-vous remarqué ? — R. Non. Le lendemain il m'a dit : on a arrêté cet homme à qui nous avons parlé, tu vois, j'avais raison.

Un juré. — Quel âge a le fils du témoin ?

M. le PRÉSIDENT. — 15 ans. Vous allez l'entendre.

A Hoez. — Vous entendez Hoez, vous étiez troublé, vous avez pâli ? — R. Ça m'a bouleversé d'entendre dire qu'on soupçonnait mon oncle, ça m'a troublé comme toute la famille.

D. Et ces mots, on ne peut pas dire que c'est lui, on ne l'a pas vu ? — R. J'ai dit ça ne sachant pas ce que je disais, sans y réfléchir.

25e *Témoin.* — Méresse, fils du précédent, 15 ans, berger. — Le 26 septembre j'ai passé à Ewars avec papa. Charles travaillait avec d'autres camarades. Papa disait, il faut être bien canaille pour avoir fait ce coup là ; je ne serai plus si franc pour passer la nuit dans votre pays, j'ai remarqué que Charles avait blanchi là-dessus.

D. A-t-il été question de Potier ? — R. Mon père a dit : si c'est lui, on lui apprendra à siffler ; Charles a répondu on ne peut pas dire que c'est lui puisqu'on ne l'a pas vu. En nous en allant, j'ai dit : en parlant de ça à cet homme nous lui avons fait peur, et quand j'ai su qu'il était arrêté, j'ai dit, voyez, papa, que j'avais bien vu, il est pris.

M. le président. — Nous allons donner lecture des dépositions des témoins Lelong et Potier fils.

26e *Témoin.* — Lelong père, 67 ans, cultivateur. — Jean-Baptiste Potier est venu plusieurs fois chez moi dans la journée du 24 courant, et sortant avec mon fils. Mon lit est près de la route, j'étais encore couché quand le 25, au matin, j'entendis parler de l'assassinat de Deneubourg ; je me levai aussitôt, et j'étais en train de m'habiller quand Potier entra près de moi, il me dit que probablement c'était à lui qu'on en voulait et qu'il l'avait échappé, puis il me raconta que sortant du cabaret Lerouge, il avait laissé Deneubourg et Huart causant ensemble, qu'il avait pris le devant en avertissant Deneubourg, que parvenu à l'endroit de la route appelé le montant, Deneubourg qui sortait du village l'avait appelé qu'il avait répondu, et qu'aussitôt 2, 3, 4 hommes l'avaient assailli lui portant des coups, et qu'il avait fui à travers champs pour gagner la rue d'En-Bas et le village de Ramillies, toujours poursuivi, qu'il avait demandé du secours chez M. le maire, lui disant qu'il entendait encore ses agresseurs, mais que celui-ci avait dit ne rien entendre l'avait rassuré et lui avait donné un bâton, je crois, ajoutant qu'il resterait sur sa porte pour lui porter secours au besoin ; qu'il avait pris par le marais où il avait cru revoir ses assaillants, qu'il les avait interpellés, mais que sa terreur le prenant il s'était réfugié chez le garde pour s'en faire accompagner jusqu'à Ewars, qu'ils avaient ainsi trouvé le corps de Deneubourg. Mon fils partit aux champs aussitôt l'arrivée de Potier qui resta une heure environ près de moi, je lui fis observer qu'il pourrait bien être inquiété, il protesta de son innocence, je l'engageai à retourner chez lui se deshabiller et se reposer, il pouvait être 7 heures à 7 heures et demie, lorsqu'il quitta ma demeure, ni sa mère, ni sa femme, ni son fils n'étaient venus le joindre, il avait son attitude ordinaire, il m'a répété plusieurs fois ce que je viens de vous dire.

Lecture faite, etc.

Lecture est ensuite donné de la déposition de Potier fils

M. le Président à Potier. — Vous avez toujours dit que votre terre n'avait pas sa contenance, avant vous elle avait été occupé par Prosper Hoez, — R. J'ai mesuré ma terre avec un diametre et j'ai trouvé qu'il en manquait.

D. Mais quand vons l'avez louée, vous la connaissiez, vous n'avez rien dit. — R. Je l'ai cultivée comme je l'ai trouvée, les bornes y sont encore.

D. Vous avez passé toute la nuit du 24, vous n'avez pas mangé le matin ? — J'ai pris un morceau de pain et de fromage.

D. Vous n'avez pas parlé à votre femme et à votre nièce de la mort de Deneubourg. – R. Je leur en ai parlé.

D. Mais elles ont déclaré que vous ne leur en aviez rien dit. — R. C'est possible qu'elles l'aient dit, mais elles ne se sont pas rappelé.

D. Elles se sont parfaitement rappelé toutes les deux que vous ne leur en avez pas dit un mot, c'est extraordinaire que vous ne leur ayez rien dit de ce fait ; vous avez dit j'avais raconté tout ça chez Lelong où ma femme et ma nièce étaient venues, et elles ont déclaré qu'elles n'y avaient pas été ; le lendemain, vous avez dit à votre fils : quel malheur, on me soupçonne, et vous avez pleuré.

A Charles Hoez. — Levez-vous. Hier on s'est occupé des tâches trouvées sur vos vêtements, on a dit que ces tâches étaient anciennes, vous avez dit vous-même que vous ne les connaissiez pas. Comment, si ces tâches sont anciennes, ne vous en êtes-vous jamais aperçu ? — R. On ne regarde pas quand on est ouvrier.

D. Il y a plus, votre mère qui lavait tous les dimanches vos vêtements a déclaré qu'elle n'avait jamais remarqué ces tâches. La tâche n'y était donc pas le dimanche, car elle l'aurait remarquée.

A Potier. — Vous aviez ce pantalon gris, si vous avez couru dans les betteraves, comment se fait-il que le bas ne soit pas vert ; tous les chasseurs savent que les betteraves verdissent. — R. Je ne saurais vous dire pourquoi.

D. Vous avez dit dans l'instruction, je n'ai pas volé pardessus. — R. Il est possible que je n'ai passé que sur un coin du champ de betteraves.

D. Aujourd'hui, vous ne savez plus où vous êtes passé.

Le maréchal-des-logis Martin est rappelé. — Boulet nous a déclaré qu'un jour en revenant avec des camarades, il avait rencontré Hoez avec Vaillant, qu'il s'était battu avec Hoez, qu'il l'avait terrassé, qu'en le tenant par terre il lui as dit : en as-tu assez. Charles s'est éloigné. Boulet en s'en retournant aurait rencontré Charles assis sur la crête d'un fossé, et Charles l'aurait frappé avec une brique ; Vaillant a dit qu'il n'avait pas remarqué la brique, mais qu'il leur aurait dit : voyons, il ne faut pas se battre comme ça, entre camarades ; que le garde-champêtre devait dresser un procès-verbal, mais Hoez aurait donné 20 francs dont Boulet devait recevoir une partie. Mais le commissaire central aurait dit au garde de dresser procès-verbal. Boulet était resté dix jours sans travailler.

D. Le garde n'a-t-il pas remarqué des traces de blessures sur la figure de Boulet. — R. Oui, visibles.

D. Quand vous avez interrogé Boulet, voyait-on encore ces traces ? — R. C'était peu de chose, il y avait 6 mois de cela ; il nous a dit que la querelle s'était élevée à propos d'une jeune fille de Ramillies à qui Charles Hoez faisait la cour en même temps que Boulet.

Mᵉ Hattu. — N'est-il pas à la connaissance du témoin que Boulet a été condamné pour cette bataille à un jour de prison et Charles Hoez seulement à 6 fr. d'amende.

Le témoin. — Ce n'est pas à ma connaissance.

Charles Hoez. — Je vais vous raconter ce qui s'est passé. Nous revenions, le dimanche vers 10 heures, Boulet, de Ramillies, et moi d'Ewars ; Boulet arrive comme ça en colère sur moi, il dit il faut que je t'en f... une. Je veux me débarrasser, il me terrasse, nous sommes tombés tout deux par terre Boulet s'est relevé et il m'a rempoigné. Le lendemain il a été trouvé le garde et il a demandé 20 fr.

D. Il paraît que Boulet a été dix jours sans travailler ? — R. Il a vagué comme ça pour avoir ces 20 fr.

D. Il y a au dossier un procès-verbal du garde-champêtre qui constate qu'il avait la figure méconnaissable. — R. Ce n'est pas étonnant, il est tombé plusieurs fois avec moi par terre.

M. le PRÉSIDENT. — La parole est à M. le procureur-général.

Le plus grand silence s'établit immédiatement dans la salle.

M. le PROCUREUR-GÉNÉRAL PINARD se lève et s'exprime en ces termes :

RÉQUISITOIRE DE M. LE PROCUREUR-GÉNÉRAL.

Messieurs les Jurés,

Le besoin suprême de la justice c'est la vérité ; la chercher c'est l'honneur de l'homme et du magistrat ; la trouver
est la défense de la société. Mais gardons-nous de croire
que cette recherche et cette découverte n'exigent pas de
longs et patients efforts : la vérité vient rarement à nous : c'est
nous qui devons aller à elle. Il serait en effet contraire à la
nature humaine que l'assassin appelât ou attendît des témoins
pour commettre son crime. Il serait en effet contraire à la
nature humaine que, le sang une fois versé, le coupable vînt
se livrer à nous par des aveux spontanés. Non : la règle c'est
que le drame de l'assassinat ne se passe qu'entre l'assassin et
la victime : la règle encore c'est que l'assassin, qui ne peut
être vendu par les morts, garde jusqu'au bout son terrible
secret. Même quand il le confesse à Dieu, il le cache encore
aux hommes, et nous devons respecter cette liberté là.

Dans l'affaire dont nous prenons aujourd'hui le fardeau
il en est ainsi. Vous n'y trouvez ni des témoins qui vous dispensent de chercher, ni des aveux qui vous dispensent de
juger. Et cependant, Messieurs, ce fardeau ne nous effraie
pas, nous le portons sans crainte, avec cette conviction que
ces deux hommes sont les coupables. Nous le portons sans
crainte, malgré ce volumineux dossier et la longueur de ces
débats, parce que des détails qu'ils renferment surgit le fais-
ceau de lumière qui rassure et raffermit vos conscience.

Ainsi donc abordons immédiatement la preuve : nous ver-
rons plus tard la gravité du fait.

Le 24 septembre dernier, à dix heures et demie du soir,
un cadavre était relevé sur la route de Paillencourt, à 300
mètres des dernières maisons de Ramillies. Sur le tronc il
portait cinq ou six échymoses qui n'avaient rien de mortel :
mais la figure était écrasée : la machoire était brisée : un œil
avait vidé : les débris des os de la tête parsemaient le sol, et
les médecins déclaraient qu'un chariot pesamment chargé
passant sur cette face humaine n'aurait pas accompli plus de
ravages,

La mort avait été instantanée sous les coups portés à la
tête. Elle était toute récente car la main était tiède encore.
Ce cadavre était celui de Deneubourg, homme vigoureux,
que le témoin Lerouge déclarait être trop fort pour qu'on
pût aisément l'attaquer à deux. Deneubourg, âgé de 45 ans,
cultivateur aisé, peut-être de mœurs légères, était facile
dans ses relations. Nul ne lui connaissait d'ennemis ; Il avait
montré dans le cours de cette journée, même contre des propos irritants, cette patience qu'ont quelquefois les hommes
assurés de leur force.

A côté du cadavre, se trouvait une traverse en bois de
1 mètre 75 centimes de longueur sur 20 centimètres carrés,
c'était l'instrument qui avait servi à l'assassinat, car on y
retrouvait encore, avec le sang de la victime, des esquilles

d'os et de dents. Cette traverse, destinée à la construction
du bal Coppin, avait été apportée le même jour à 7 heures
du soir et déchargée une heure après avec les autres bois,
derrière le cabaret de Gresillon.

Qui avait manié la traverse ? Qui avait frappé Deneubourg ?
Ce n'était point la main d'un voleur. La victime avait encore
sur elle une quittance de 52 fr. 50 c., sa montre et une
somme de 245 fr. : une passion brusque et violente, la colère,
la haine, la vengeance avait seule frappé : on avait visé à
l'homme, non à la dépouille.

Messieurs, il faudrait désespérer d'une société qui ne s'in-
dignerait pas de pareils actes et plaindre une justice qui serait impuissante à les punir. Mais nous n'en sommes pas là :
l'indignation est dans vos cœurs ; la preuve est dans nos
mains.

Potier seul a pu vouer Deneubourg à la mort : Charles
Hoez a pu seul s'armer de l'instrument qui a permis l'assassinat.

Ecoutez bien le lien qui rattache Potier à ce cadavre, et
voyez si l'accusé peut un instant briser un seul des anneaux
de cette chaîne.

Potier connait depuis longtemps Deneubourg. Tous deux
habitent Ewars . tous deux sont cultivateurs. La terre qu'avait
affermée Potier était si voisine de celle de Deneubourg qu'elle
donnait un passage à ce dernier, s'il en devenait le fermier.

Potier et Deneubourg quittent ensemble Ewars dans la
matinée du 24 en compagnie de plusieurs autres et dans la
prévision d'un même but ; relouer les terres qu'ils tiennent
de M. Ribeauville.

Dans cette même journée se passe le fait suivant : Ribeauville, par l'intermédiaire de Delfolie, demande à chacun de
ses fermiers 5 fr. d'augmentation par mesure. La demande
est repoussée : Ribeauville réduit sa prétention à 2 fr, 50,
et elle est acceptée. Potier seul refuse en prétendant que sa
terre n'a pas la contenance indiquée. Delfolie ne lui demande
plus que 50 c. d'augmentation : nouveau refus de Potier.
Deneubourg alors se rend adjudicataire en subissant l'augmentation de 2 fr. 50 c., et il verse contre quittance la
somme de 52 fr. 50 c.

Un pareil fait devait créer chez Potier une vive irritation.
Il était dépossédé d'une terre laissée longtemps à lui ou aux
siens. Prosper Hoez, son parent l'avait eu longtemps avant
lui et la lui avait cédée. Deneubourg la reprenait non-seu-
lement à un prix supérieur à l'ancienne location, mais à un
taux qui dépassait celui auquel on la laissait à Potier quelques heures auparavant. Cette dépossession s'accomplissait
publiquement devant tous, et était une blessure sensible à l'a-
mour propre du paysan. Tout devait raviver une pareille
plaie : les conversations et les surexcitations du cabaret, la
perspective de ses projets dérangés par un voisins, la conviction d'un intérêt lésé presque d'un droit méconnu, tant le
préjugé du mauvais gré a de puissance dans ces contrées,
même dans les communes qui n'en subissent pas la loi.

D'ailleurs l'irritation n'a point tardé à se produire. Avant même qu'il ne quitte Cambrai, il est distrait, préoccupé. il joue au billon avec Dézeteaux, mais comme un homme qui n'est nullement à son jeu, causant toujours avec Delfolie qui lui fait ses dernières offres.

Il quitte Cambrai, et entre chez Lerouge, au cabaret de *la Montagne*. Il y rencontre Delfolie et Deneubourg : quelle est son attitude ? il coudoie Delfolie sans lui adresser un mot: Delfolie a été l'intermédiaire du marché: il va droit à Deneubourg qui en est le bénéficiaire, et il l'injurie en le traitant de grossier personnage. La femme Lerouge l'entend même l'appeler *j. f.* Je ne te croyais pas si *j. f.* Deneubourg lui offre envain sa quittance et la cession du marché, Potier refuse tout de la part de l'homme chez lequel il ne voit qu'un rival et un adversaire. Tout dans sa conversation trahit l'hostilité. S'agit-il du passé, il le menace d'un procès devant le juge-de-paix pour une récolte de trèfle sur laquelle des moutons ont passé. S'agit-il de l'avenir ? il manifeste l'intention d'enchérir plus tard sur Deneubourg pour le déposséder à son tour.

Il y a des irritations qui s'exhalent en paroles et qui s'apaisent après les premiers cris de la colère, Il y en a d'autres qui grandissent et fermentent à mesure qu'elles se traduisent extérieurement. Le premier acte de colère est pour elles un levain, au lieu d'être un apaisement. La patience même, l'attitude légère ou rassurée de celui dont on fait son adversaire et qui semble ne pas comprendre l'offense adressée, envenime toujours alors l'irritation première. Suivez cette progression chez Potier. Huart et Deneubourg sortent un instant: Lerouge et sa femme sont encore là ; qu'importe, Potier n'est pas aux témoins qui peuvent l'entendre, il est tout entier à l'irritation qu'il concentre et au projet qu'il médite. Il se parle à lui-même comme l'homme qui est sous l'empire de l'idée fixe. On a parlé de la terre. Il suit son idée, et répète à demi-voix, en agitant sa casquette, ces propos significatifs ; On t'en donnera, tu ne t'attends pas à ce qui va t'arriver en retournant.

Messieurs, pesez ces mots décisifs: ils renferment le plan tout entier : ils sont l'affaire : le reste ne sera plus que l'exécution. Tout se trouve dans ces terribles paroles proférées à voix basse par l'homme qui s'affermit dans sa résolution. La terre voilà l'origine: *On t'en donnera*, voilà la vengeance: *Tu ne t'attends pas à ce qui va t'arriver*, voilà le guet-à-pens : Il ajoute même le lieu et l'heure : Tu ne t'attends pas à ce qui va t'arriver *en retournant*.

Puis voyez comme on persévère dans le projet conçu. Charles Hoez, qui est déjà au courant de la querelle de Potier et de Deneubourg, au moins par le récit de Delfolie au cabaret de Gresillon, vient au cabaret de *la Montagne*. Il y voit les deux adversaires, puis, lorsqu'il part avec Potier fils, Potier père se trouve avec eux, en dehors du cabaret et leur dit, à demi-voix, ces paroles, que le témoin Lesne entendit : Retournez-vous-en. Je retournerai seul avec lui. Ce *lui*, cet homme qu'on désigne, ne peut être que Deneubourg, avec lequel il va partir en effet dans peu d'instants. Comme on comprend ces paroles, si en effet Potier et Hoez veulent frapper lâchement Deneubourg dans un guet-à-pens ! Pour inspirer à Deneubourg toute sécurité, et pour ne donner aux tiers aucun soupçon, il faut en effet que Potier seul parte avec Deneubourg. Mais pour que celui-ci soit frappé plus sûrement il faut que le second de Potier sache la résolution, le départ, le lieu du passage, et qu'il entende ces mots : Je retournerai seul avec lui.

Potier, en effet, part seul avec lui. Deneubourg, à la porte du cabaret de Lerouge, cause quelques instants avec Huart; Potier s'arrête et l'attend. Deneubourg sait si bien qu'ils doivent partir ensemble, qu'il lui crie : Voilà-t-il pas Potier qui part sans moi, et il quitte Huart pour rejoindre son compagnon de voyage, qu'il atteint près de la maison d'Antoine Lerouge.

Dix heures étaient sonnées, quand Deneubourg et Potier prenaient ainsi la route de Pailliencourt. Or, à 450 mètres du point de départ on relevait, trois quarts d'heure après, le cadavre de Deneubourg. Il a dû tomber là sans lutte et sous le coup d'un guet-à-pens : les affreuses blessures que portait la face rendaient la résistance impossible et la mort instantanée. Après avoir quitté Huart à Ramillies, il vivait juste le temps nécessaire pour parcourir 450 mètres : c'est donc six ou sept minutes après son départ qu'il tombe frappé. Potier, parti avec lui, n'avait pu encore se séparer de lui : il sait le secret de ce drame terrible. S'il est innocent, la vérité doit crier, doit éclater en lui, son intérêt est de la dire, de la proclamer et pour lui-même et pour autrui. S'il est coupable, il gardera ce secret au fond de son âme, car la découverte de ce secret c'est sa condamnation : il fera plus que le garder, il donnera le change à ceux qui pourraient le chercher, il fera une fable pour détourner les soupçons. Voilà la double alternative, qui se présente à lui, impitoyable et absolue : son choix est bientôt fait.

Comme si le sang de Deneubourg lui pesait comme un cauchemar, comme si l'ombre de la victime encore chaude le poursuivait, il ne perd pas de temps. C'est vingt-cinq minutes après son départ qu'il se retrouve devant le cabaret de Lerouge: il a eu le temps de sortir de Ramillies, d'aller jusqu'au lieu où le cadavre tomba, de revenir à travers champs, d'aller chez le maire, de le réveiller, de recevoir de lui un bâton pour sa défense et de se diriger chez le garde-champêtre, en parcourant ainsi au total 1066 mètres.

Il n'a pas eu le temps de quitter Deneubourg avant la chûte. Il reconnaît lui-même qu'il lui parlait, et entendait la réponse au moment de l'attaque. Il a tout vu, tout su ; il doit tout dire s'il est innocent, tout cacher et mentir sur tout s'il est coupable.

Or, quel est le récit qu'il va faire ? Coupable, il lui faut une fable, même une fable invraisemblable pour faire planer sur des êtres imaginaires l'accusation du crime dont il est l'auteur ou le complice. Ces êtres imaginaires, ce sont des malfaiteurs inconnus, nombreux, armés de bâtons, poussés par la convoitise du vol. Ils l'ont poursuivi lui-même : ils 'ont roué de coups : il n'a échappé à leur violence et peut être à la mort, que par la rapidité de sa course à travers les champs et sa rentrée au village de Ramillies au milieu duquel il se voit encore poursuivi et menacé. Quand de pareils adversaires lui font courir de pareils dangers, tous croiront bien que Deneubourg a pu succomber sous leurs coups. Voilà le récit, voilà l'histoire à l'aide de laquelle le corps de Deneubourg cessera d'être pour lui un cadavre accusateur.

Ce récit, il faut tout d'abord que l'autorité l'accepte. Aussi va-t-il droit chez le maire. Il le réveille, il lui signale le danger qu'il court, il lui montre même ses ennemis invisibles : il s'adresse à lui, parce que c'est dans sa circonscription que se fait s'est passé. De chez le maire il va chez le garde-champêtre, cette seconde autorité qui doit relever le cadavre. Il lui fait le même récit, lui fait part à la fois de ses terreurs pour lui-même, de ses craintes pour Deneubourg, et va avec lui à la découverte de ce corps qui ne doit plus accuser que des agresseurs imaginaires.

Dans l'intervalle, entre sa visite au maire et sa visite au garde, il a trouvé le moyen de préparer la commune au récit qu'elle doit bientôt entendre. Pour lui donner la vraisemblance voulue, il prend le soin de provoquer ses agresseurs, de leur crier d'arriver, de leur dire qu'il ne les craint pas, fussent-ils dix contre lui, et c'est tour à tour devant les deux maisons de Charles Lerouge et d'Antoine Lerouge, qui ont seuls de la lumière à cette heure, qu'il profère à haute voix ces exclamations.

Quand il est avec le garde près du cadavre, il se penche vers Deneubourg comme s'il ignorait la mort : il lui demande s'il dort ou s'il a du mal. Il touche même la figure ou fait semblant de la toucher pour prouver son ignorance. Mais comme un homme qui sait bien ne trouver qu'une face labourée et écrasée, et comme le coupable qui redoute le sang de la victime, il ne touche qu'avec le doigt la partie de la figure qui ne doit point souiller. Sa main reste pure, quand celle du garde qui touche aussi Deneubourg est ensanglantée.

Le bruit du sinistre événement a réveillé l'autorité et la foule. Fidèle à son système, Potier passe la nuit chez Gresillon avec ceux qui s'entretiennent du terrible drame. Son séjour est logique : plus son récit est invraisemblable, plus il doit rester là pour le propager et le défendre contre les incrédules ; il faut le faire accepter à tout prix, et il y consacre la nuit toute entière.

La matinée du 25 septembre arrive. Avant de rentrer chez lui, avant de revoir les siens, il faut encore qu'il s'arrête chez Lelong pour propager ce même récit qui doit le sauver. De chez Lelong, il rentre chez lui, change de vêtements, se rend aux champs, et, continuant le même système, va parler à son fils de l'événement de la nuit en protestant avec larmes de son innocence.

Tout est logique dans cette attitude de Potier, depuis la mort de Deneubourg jusqu'à celui de son arrestation. Il sent bien que, compagnon de Deneubourg en sortant de Ramillies, il a tout vu et tout su dans l'horrible drame. Il sent qu'il ne peut avoir que deux situations, celle d'un témoin qui révèle, on

celle d'un coupable qui s'accuse. Il a choisi la première avec une persévérance désespérée, avec une habileté digne d'un autre sort. Mais il a compté sans les lois de la nature, qui ne mentent pas, sans les phénomènes physiques qui le trahissent, sans ses propres contradictions, qui le livrent. Voyez, en effet, comme tout croule dans son système, et comme la preuve de son mensonge devient la démonstration évidente de sa culpabilité. Sur tous les points, il trouvera ou se donnera lui-même d'éclatants démentis.

Ce sont des voleurs, dit-il, qui ont attaqué Deneubourg et lui. Or, ces voleurs ne volent rien. Ils laissent à la victime écrasée, et que son camarade abandonne, sa quittance, sa montre et son argent. Et cependant quel vol facile ! Deneubourg était assassiné : Potier fuyait à toutes jambes : la nuit et la solitude permettaient de dépouiller cet être inanimé, comme elles permettaient un instant auparavant de l'attaquer et de l'assassiner.

Si ce ne sont pas des voleurs, ce sont des malfaiteurs qu'anime la vengeance, et qui comptent assez sur leurs armes et leur nombre pour ne rien redouter. Or, ni Deneubourg ni Potier ne se connaissent d'ennemis. Potier ne peut ni les nommer ni donner leur signalement. Personne ne les voit, ni le garde qui se lève, ni le maire auquel on les montre ; personne ne les entend, ni le garde, ni le maire, ni Charles Lerouge, ni Antoine Lerouge, qui n'entendent que Potier provoquant ses ennemis invisibles.

Ces malfaiteurs, si nombreux et armés de bâtons, l'ont roué de coups comme un homme qu'on veut laisser sur le terrain. Or, ni le garde, qui le visite le soir même, ni le médecin, qui le visite le lendemain, ne peuvent trouver sur son corps l'ombre d'une échymose ou d'une rougeur. Lui-même, devant ces constatations, sent que son récit va trop loin, et il le modifie ; les coups de bâton ne deviennent plus que des coups de poing, et peu à peu il finit par dire qu'il a pu prendre pour des coups de poing ses douleurs de rhumatisme.

Ces malfaiteurs l'ont poursuivi avec acharnement dans les champs. Mais s'il fuyait devant le danger, pourquoi ne pas rebrousser chemin vers Deneubourg, qui, selon lui, était resté un peu en arrière, et vers lequel l'instinct de la frayeur devait le porter ? Pourquoi ne pas rentrer à Ramillies par la voie la plus courte et la plus sûre, celle de la route, puisque les malfaiteurs ne venaient point de Ramillies et n'avaient point encore attaqué Deneubourg, resté de quelques minutes en arrière ? Pourquoi choisir ce terrain difficile, des terres labourées ou chargées de récoltes, là où la chûte devenait si facile, et où il devait être si aisément atteint par des adversaires nombreux, agiles et vigoureux ? S'il a pris cette route étrange, que l'orage de la soirée avait dû détremper, pourquoi le maire et la gendarmerie n'y constataient-ils le lendemain aucune des traces nombreuses que la terre devait garder ? S'il dit vrai, pourquoi cette course rapide et effrayée à travers les betteraves n'a-t-elle laissé ni boue, ni souillures, ni taches à ses vêtements ? Pourquoi a-t-il couru à la maison éloignée du maire, au risque de donner trois fois plus de temps à ses adversaires, plutôt que d'aller demander asile aux maisons bien plus rapprochées de Gresillon et des frères Lerouge, au cabaret de Charles Lerouge, qu'il vient de quitter et qu'il sait encore éveillé, à Antoine Lerouge, qui, comme son frère, a encore de la lumière ?

Ainsi tout donne un démenti au récit de Potier, les constatations matérielles, les lieux, les témoins. Lui-même continue le démenti par son attitude : il est plein de terreur chez le maire, plein de terreur chez le garde, et dans l'intervalle, passant devant les habitations de Charles Lerouge et d'Antoine Lerouge, auxquels il faut persuader qu'il recule devant des agresseurs, il provoqua ses ennemis, mais avec une voix assurée, en marchant, dit le témoin, d'un pas ferme comme un dragon, et ne demandant plus asile comme un fuyard aux maisons qu'il connaît et qui ont encore de la lumière. Non : dans ce moment, Potier ne croyait à nul danger, parce qu'il savait bien que le danger n'existait que dans la fable qu'il inventait, et s'il était si épouvanté quelques instants auparavant chez le maire, quelques instants après chez le garde, c'est que ces deux épouvantes étaient d'emprunt, et les mises en scène d'une comédie.

Dans cette longue nuit, et dans la matinée du 25 septembre, Potier n'a que deux moments où la vérité se fait jour, le premier près du cadavre, le second près de son fils.

La nuit, lorsque devant le garde il se penche vers le cadavre de Deneubourg, il fait semblant de toucher la face de cet homme qu'il feint de croire endormi ; mais il n'ose souiller sa main au contact de cette figure écrasée de ce sang vengeur : Ah je comprends cette crainte là ! il sait bien qu'il n'y a plus là un camarade qui dort ou qui l'attend, mais uniquement un cadavre qui l'accuse.

Le second moment, ou la vérité semble encore reprendre ses droits, c'est cette minute fugitive passée le matin devant son fils, Potier va le trouver aux travaux des champs : il a quitté ses vêtements qui portent des traces du sang de la victime, de ce sang qui l'accuse s'il a jailli au moment ou Deneubourg était frappé, de ce sang qui le tourmente au moins comme un remords, s'il a souillé ses vêtements au moment où s'approchait du cadavre. Il parle à ce jeune homme de l'événement de la nuit, et se disculpe devant cet enfant qui ne l'accuse pas. Puis pour la première fois, les larmes lui vinrent aux yeux : il pleure un crime inutile, un terrible et sauvage moment d'oubli ; il pleure sa sécurité compromise, sa réputation perdue, sa famille exposée; ce fils auquel il parle aujourd'hui, et qui sera peut-être deshonoré demain. Ces larmes douloureuses, ces larmes de torture et d'angoisse, je les comprends, je les recueille, je ne vous les reproche point : elles sont votre première expiation.

Et maintenant, messieurs, la preuve n'est-elle pas faite ? Relevez ce cadavre. Les voleurs n'y ont pas touché: c'est dans un aveugle moment de passion qu'on l'a frappé. Qui connaît Deneubourg? Potier. Qui lui en voulait ce jour-là? Potier, Qui avait manifesté son irritation de toute façon? Potier. Qui avait proféré ces mots sinistres annonçant un projet plus sinistre encore : *On t'en donnera : tu ne t'at-*

tends pas à ce qui va t'arriver en retournant ? Potier. Qui parle à Hoez sur le devant de la porte, et lui annonce qu'il partira seul avec Deneubourg? Potier. Qui part en effet avec Deneubourg à dix heures sonnées? Potier. Qui se trouve avec Deneubourg à l'endroit de la route où ce dernier tombe frappé? Potier. Qui fait cette fable impossible des voleurs nombreux et armés, démentie dix fois par les lieux, par les témoins, par l'attitude et les contradictions de celui qui la raconte? Potier. Oui, ce mensonge impossible se comprend dans sa bouche, parce qu'il ne peut dire la vérité sans s'accuser : le mensonge est ici la loi suprême de son salut parce que la vérité vraie est sa condamnation. Ce dilemme c'est vous qui l'avez fait, c'est vous qui le subirez. Aussi vrai que Deneubourg est la victime, vous êtes l'assassin. Aussi vrai que Deneubourg a été répondre à Dieu de sa vie brusquement interrompue, aussi vrai vous Potier, vous devez répondre à la justice humaine de cette interruption. Il le faut, ou l'homme n'est qu'un jouet et la justice un hazard. Justice humaine! Justice`, malgré tes humains côtés ! Non je ne te fais pas cette injure, tu peux la vérité, puisque tu dois la protection avec le glaive, avec le pouvoir, avec la majesté de tes faisceaux et le respect des populations, Dieu ne t'a pas donné d'aveugles bandeaux : il t'a donné l'intelligence : il t'a donné la raison.

Voyons la preuve vis-à-vis d'Hoez :

Si une chaîne invincible lie Potier au cadavre de Deneubourg, un lien tout aussi fort rattache Hoez à Potier pour le même forfait.

Hoez est le neveu et le filleul de Potier. L'intérêt le rattache à Potier comme la parenté : il compte succéder à Potier comme fermier de la terre en question, ainsi que Potier a succédé lui-même à Prosper Hoez. Aussi le même acte qui blesse Potier doit blesser Hoez.

Les faits sont là d'ailleurs pour le démontrer.

Hoez est au cabaret de Gresillon, quand Delfolie s'y rend dans la soirée du 24. A peine a-t-il appris par Delfolie l'acte de Deneubourg et l'irritation de Potier, que ses sentiments personnels se manifestent à leur tour.

Ecoutez d'abord ses regrets : Je croyais, dit-il devant témoins, je croyais avoir cette terre, je ne l'aurais pas, c'est un autre qui l'aura.

Ecoutez ensuite ses projets ; il s'écrie : Je vais lui en f... une dont il se souviendra. La menace est si accentuée, le projet si arrêté, que son oncle Prosper veut se lever comme pour lui prêter main-forte, et Décarpigny fait asseoir celui-ci, en lui disant que cela ne le regarde pas, qu'il est père de famille et ne doit pas se mêler de pareille querelle.

Hoez persévère dans son projet, et il trouve dans Prosper, non de la résistance, mais de l'excitation : Va voir à *la Montagne* s'il y est encore, lui dit Prosper. Si oui, tu viendras me dire quoi, car il ne faut pas y aller seul, dans la crainte de le manquer.

Quelle est la réponse de Hoez? Il l'a faite à demi-voix devant Ségard, qui, placé à table entre Charles et Prosper, l'entend facilement, elle est la preuve nette de sa sinistre ésolution : « S'il y est encore, nous allons lui en donner une que le diable aura pitié de sa peau. »

Ainsi, un sentiment identique et un projet commun agitent à la même heure Potier et Hoez. Mais il faut que ces deux hommes se rencontrent et que le concert s'établisse. Hoez quitte donc ce cabaret de Gresillon, où il a le droit de boire gratis à raison de l'achèvement de la grange auquel il a concouru. Il va droit au cabaret de la *Montagne*, non pour y boire encore (qui ne préfère les consommations gratis aux consommations payées ?) mais pour voir au moins un instant Potier qu'il veut soutenir, et Deneubourg qu'il veut frapper, à ce point que le diable ait pitié de sa peau.

Il entre au cabaret de la *Montagne*, se met à cheval sur une chaise, appuie ses bras sur le dossier, assiste à la conversation des buveurs et fixe constamment les yeux sur Deneubourg avec une attitude provocatrice qui attire déjà l'attention de la femme Lerouge.

Tout dans la conversation est de nature à envenimer sa rancune et à l'affermir dans son projet. On a parlé de la terre que Deneubourg enlève à Potier : on parle ensuite des succès de Deneubourg auprès des femmes : on va même jusqu'à certaines plaisanteries cyniques que je ne répéterai pas. Ce piédestal d'assez mauvais goût doit irriter plus que jamais Hoez : il doit ressentir les mauvaises pensées de la jalousie comme les susceptibilités de l'intérêt. Deneubourg ne passe-t-il pas pour l'amant d'Elise Lefebvre qu'Hoez courtisait et auquel il avait parlé de mariage. Or quel est l'homme qui ne se sent humilié et blessé quand il est refusé pour mari et qu'il voit le rival accepté comme amant ?

Hoez quittera le cabaret de la *Montagne* avant Deneubourg et Potier, mais ce ne sera qu'après s'être concerté avec Potier loin de Deneubourg et loin des buveurs dont on peut redouter l'indiscrétion. C'est en dehors du cabaret que ce concert aura lieu. Ecoutez les trois témoins Antoine Lerouge, Lesne et Ségard. Antoine Lerouge voit en sortant du cabaret quelqu'un qui se trouve à la porte et qui se dissimule pour n'être pas reconnu. Lesne entend Potier sorti du cabaret dire à deux hommes : « Retournez-vous-en, je retournerai seul avec lui. » Ségard voit Hoez et Potier fils arrêtés en dehors du cabaret. il leur dit bonsoir et ne reçoit pas de réponse : Charles tu ne réponds pas, ajoute Ségard. Dominé par sa préoccupation, ou par le désir de n'être pas reconnu, Hoez persiste à garder le silence, et devant Ségard il retourne vers le cabaret Gresillon pendant que Potier fils prend la rue Marlière. Réunissez ces trois dépositions et vous savez l'endroit et la date où le concert se fait entre Hoez et Potier. Si vous doutiez encore sur ce concert, sur la date et sur le lieu où il se forme, écoutez Prosper Hoez, l'oncle de Charles. Prosper reconnaît que Charles lui a dit en effet que Potier en le congédiant au cabaret de la *Montagne* lui avait annoncé qu'il retournerait seul à Ewars avec Deneubourg.

Il faut qu'Hoez recherche maintenant l'instrument du crime. Potier ne doit plus quitter Deneubourg, il n'a point été d'ailleurs chez Gresillon, et ne sait point par lui-même où sont les traverses du bal Coppin : Hoez, au contraire, qui a passé la première partie de sa soirée au cabaret Gresillon, y a vu arriver et décharger les traverses. Il peut facilement y choisir l'instrument qui doit servir au sinistre projet.

A-t-il été, en quittant Potier, au dépôt des traverses ? Qui pourrait en douter ? Ségard l'a vu se diriger vers le cabaret Gresillon, au moment où il quittait le cabaret de la *Montagne* : c'est à côté du cabaret Gresillon qu'est le dépôt des bois. C'est à ce dépôt que s'arrête Hoez avant de rentrer au cabaret Gresillon. Il a touché les poutres, il a fait son choix : et sa présence au milieu des traverses est signalée par un fait caractéristique : il en a fait tomber une ou plusieurs, et le bruit de cette chûte attire au seuil de la porte Decarpigny et Vaillant. Ces deux témoins voient précisément Hoez revenir du côté du dépôt, au moment où le bruit les attire en dehors du cabaret.

Cette visite au dépôt de bois au moment où se fait entendre le bruit des poutres qu'il dérange pour choisir l'arme meurtrière, il faut la cacher à tout prix. Aussi prétend-il aujourd'hui qu'il était à l'intérieur du cabaret Gresillon, lorsque le bruit a attiré les buveurs. Mais il est énergiquement contredit par tous les témoins et ce mensonge révèle toute l'importance qu'il attache à cacher sa visite au dépôt de bois. Je le crois bien : c'est le moment où il choisissait l'instrument du crime.

Cette chûte d'une traverse et le bruit qu'elle a causé peuvent livrer le secret d'Hoez; il faut dépister les indiscrets par un mensonge; lui et Prosper expliqueront le bruit par cette fable qui ne trouve que des incrédules, la fable du troupeau de moutons effrayés par l'orage. Mais là encore nouveau démenti des témoins. Tous attestent que le bruit a été sec et court. L'un d'eux interrogé hier par la défense sur la nature du bruit ajoutait : C'était comme du bois qui tombe ou qui s'éboule. Que des moutons aient été ce soir là effrayés par l'orage, qu'ils aient passé près de Cambrai, à Ewars, ou à Ramillies même, qu'importe ? L'essentiel, c'est le bruit de la chûte du bois qu'on entend.

Hoez rentre alors au cabaret, mais il est pâle et surexcité. La crainte d'être livré par le bruit de cette poutre malencontreusement tombée, la sinistre résolution qu'il a prise, tout donne à ses traits une telle expression que les buveurs la remarquent: la femme Gresillon l'interpelle et lui demande s'il ne s'est pas battu.

Hoez n'est rentré au cabaret de Gresillon que pour quelques instants: il en sort bientôt avec Prosper, sans attendre Decarpigny et Vaillant. En vain on insiste pour arrêter ce brusque départ. Vaillant et Décarpigny, ses compagnons de travail qui habitent Ewars comme lui, qui ont la même route à faire, avec lesquels il revient journellement, n'en ont plus que pour cinq minutes. Non: il ne peut les attendre. L'heure le presse en effet, et cette heure c'est celle du crime. Potier doit bientôt quitter le cabaret de *la Montagne* avec Deneubourg. Or, lui seul connaît le projet de Potier : lui seul sait où est la poutre que Potier ne connait pas, et que Potier ne peut aller chercher puisqu'il doit rester avec son compagnon de route.

Hoez, une fois sorti du cabaret Gresillon, comme pour retourner à Ewars, ne peut plus, sans une grave imprudence, repasser devant ce cabaret pour aller au dépôt de bois, et en rapporter la traverse qu'il a choisie. Il s'expose à être vu par Gresillon, par Decarpigny, par Vaillant, par tous ceux qu'il vient de quitter brusquement, comme un homme pressé de rentrer chez lui. Il prendra donc un chemin plus long et plus écarté pour aller au dépôt, le sentier châtelain. Or, c'est précisément par ce sentier que passe, en courant, à dix heures moins le quart, un homme chaussé comme Hoez, que Chatelain entend très distinctement : Cet homme dit Chatelain, n'a pris que le temps d'aller aux traverses, et il est revenu toujours en courant ; à son tour, il est tombé ou a laissé tomber quelque chose. Or, la plus vulgaire prudence imposait précisément à Hoez ce détour et ce chemin écarté. En prenant la route ordinaire, il s'exposait à être vu par Gresillon et les buveurs, allant vers le dépôt ou rapportant la poutre ; dans le premier cas, il était compromis : dans le second, il était perdu.

Et puis la poutre est là, près du cadavre, rouge de son sang, ayant encore dans ses interstices des débris d'os de la victime. Cette poutre, que Potier n'a pu ni prendre ni choisir, ni connaître, Hoez seul a pu l'apporter là, Hoez seul l'a livrée, et s'en est servi pour un but criminel.

Aussi des taches de sang ont rejailli sur ses vêtements : son gilet en porte à la région supérieur droite, au pli du bras, sur le poignet de la main droite. Son pantalon en porte à la région droite, au genou droit, à la région droite de la jambe gauche. Le chimiste qui analyse ces taches déclare les dernières essuyées ou mal lavées, à une époque où elles étaient récentes. Ce sont bien les vestiges du crime. Lorsqu'on saisit ces vêtements, Hoez, interpellé par le maréchal-deslogis sur la question de savoir s'il s'était fait une blessure ou s'il a eu un saignement de nez répond négativement. Devant le juge d'instruction, il cherche à expliquer les taches de sang par la sève d'un arbre ou du goudron : l'analyse lui donne un démenti. Enfin, sa mère qui a lavé le pantalon, le dimanche qui a précédé le crime, n'y avait pas vu de sang à ce moment.

Le crime accompli, Potier se chargera, lui, dont les vêtements sont moins tachés que ceux d'Hoez, de donner le change pour sauver celui qui a si bien épousé et servi sa vengeance. Hoez se retirera donc pendant que Potier fera sa fable ridicule : on ne le reverra que plus tard. Mais, même le surlendemain, voyez encore son trouble et sa contenance : devant le berger Méresse, il est si pâle que le fils du berger en fait la remarque à son père ; c'est avec trouble qu'il cherche, devant ce même berger, à disculper Potier, en disant qu'il faut qu'on lui fasse la preuve. Devant Decarpigny et Vaillant, il désavoue prudemment les menaces qu'il a proférées la veille, en disant qu'il ne se les rappelle pas.

Comme tout se lie dans la conduite et l'attitude de Hoez pour démontrer sa culpabilité ? Qui donc se rattachait à Potier par le double lien de la parenté et de l'intérêt ? Hoez. Qui, le 24 septembre, partage l'irritation de Potier, au premier bruit de l'enlèvement de la terre ? Hoez. Qui proférera des menaces chez Gresillon et promettera d'en donner une que le diable aura pitié de sa peau ? Hoez. Qui fera cette fable du bruit du troupeau de moutons pour dissimuler la chute de la poutre qui peut le livrer ? Hoez. Qui soutiendra mensongèrement avoir été à l'intérieur du cabaret quand le bruit des poutres s'est fait entendre et a signalé sa présence au dépôt ? Hoez. Qui quittera brusquement le cabaret de Gresillon pour se trouver à l'heure du crime ? Hoez. Qui pourra seul apporter sur le lieu du crime la poutre avec laquelle il s'accomplit ? Hoez. Qui portera sur ses vêtements les traces du sang versé ? Hoez. Qui les jours suivants, montrera sa pâleur et son trouble, et démentira les menaces de la veille ? Hoez : toujours Hoez. Ah ! vis-à-vis de lui aussi la preuve est bien faite : Il est lié à Potier, qui a voulu le crime, comme Potier lui-même est enchaîné au cadavre. Si un seul a frappé, tous deux ont voulu l'assassinat ; tous deux ont voulu le guet-à-pens ; tous deux, pour vous, messieurs, ont aux mains le sang versé, le sang d'un compagnon, le sang d'un camarade.

A cette double preuve irréfragable opposera-t-on des objections de détail ? Leur nombre ne fera certes pas leur force.

Dira t-on que l'intérêt était bien minime ? Mais quelque fût le chiffre de l'intérêt, ne voit-on pas ici qu'il se transformait en une question de préjugé et de passion ? Est-ce que l'humiliation de la dépossession n'était rien ? Est-ce que les bruits du village, est-ce que les cancans de cabarets n'étaient rien ? Messieurs, tout cela est partout quelque chose parce que, partout l'amour-propre est beaucoup, surtout sous les fumées du vin ; mais dans le Cambrésis, dans ce pays du mauvais gré, sous l'empire d'un préjugé séculaire, sous la pression d'une idée de classe, d'un sentiment de caste, de quelque chose, ce beaucoup devient tout. La passion qui s'exalte à ce triple courant du préjugé de la colère et de la jalousie, ne saurait supputer froidement le chiffre de l'intérêt ou du préjudice : elle ne calcule plus elle tue.

Me parlera-t-on du péril encouru ? et depuis quand, messieurs, le péril arrête-t-il le criminel ? et puis la passion qui ne s'arrête pas devant le calcul s'arrête-elle devant la prévision ? Non : elle tue sans prévoir comme elle tue sans calculer. Puis, quand le sang a cessé de couler et qu'il est refroidi, lorsque l'ivresse de la vengeance, cette volupté qui grise comme le vin, est tombée avec les fumées de la veille, lorsque la colère n'a plus de raison d'être devant un cadavre, la prévision revient, et on invente, comme Potier, ces moyens fabuleux pour conjurer le danger qu'on bravait en aveugle.

Parlera-t-on de la probité des accusés ? Ah ! je le comprendrais si on leur imputait d'avoir tué pour voler, mais le meurtre par passion, par colère, par vengeance doublée d'un préjugé ne se combine-t-il pas cent fois avec cette honnêteté vulgaire qui consiste à ne pas voler le prochain ? Allez

Corse, dans le pays de la *vendetta*, et vous trouverez la ~~r~~ponse.

Je me trompe, Messieurs, restons en France, et ne parlons ~~que~~ du mauvais gré. Ce sera prouver à la fois la nature spé~~cia~~le et la gravité du fait soumis, en ce moment à votre ~~ha~~ute et souveraine justice.

Vous savez la date du mauvais gré : elle est séculaire. Vos ~~co~~ndamnations l'ont arrêté : elles ne l'ont point déraciné.

Vous savez sa patrie : il vient de la Belgique, il s'arrête à ~~Li~~lle, il traverse Orchies, il séjourne dans le Cambrésis, il va ~~se~~ perdre dans la Somme.

Vous savez ses résultats : il tue en Belgique, il brûle à ~~Li~~lle ; il s'impose même à ceux qui le redoutent, par une ~~so~~rte de solidarité tacite : il frappe les terres d'interdit, au ~~po~~int de les laisser sans incultes, quand le propriétaire ne ~~su~~bit pas ses arrêts. Il prohibe la vente, il empêche le fer~~m~~age. En haut, il attaque la propriété, en bas, il viole le ~~dr~~oit et la liberté du travail, Même enfin dans les communes ~~où~~ il ne règne pas, il fait sentir son influence à défaut de ~~so~~n empire. La possession semble un privilège auquel on ne ~~sa~~urait toucher, et le fermier, qui voit un autre lui succéder, ~~n'é~~prouve plus que le sentiment de l'intérêt lésé, il ressent ~~l'i~~rritation et la blessure du droit méconnu.

Ici, messieurs, qu'a fait le mauvais gré ? Qu'ont fait les pré~~ju~~gés qu'il engendre ? Ici, il a versé le sang humain, et dans ~~q~~uelles circonstances ? Que vous avait fait Deneubourg ? Il ~~av~~ait usé d'un droit, il avait surenchéri sans croire nuire au ~~vo~~isin qui se retirait, et pour ne pas laisser dans l'embarras ~~un~~ propriétaire qu'il estimait. Dans sa pensée, le mauvais gré ~~n'~~existait pas : mais il était dans la votre et cela a suffi. De~~n~~eubourg s'est pris, sans sans douter, à l'engrenage de la ~~te~~rrible machine : il a été emporté, mutilé, broyé, écrasé. ~~V~~ous l'avez frappé lâchement la nuit, dans la solitude, par ~~gu~~et-apens. à deux, sans oser le battre et l'attaquer en face, ~~à~~ quelques pas de cette demeure où il croyait retrouver les ~~si~~ens, et où ceux-ci l'attendaient endormi sdans une sécurité ~~tr~~ompeuse.

Deneubourg n'aurait été qu'un scélérat, que nous devrions ~~le~~ plaindre et le venger encore. Ah ! je n'ai pas besoin d'ap~~p~~eler ici sa famille en deuil, d'interroger ses amis, d'invo~~q~~uer son passé. Il était homme, entendez-vous, et ce mot là ~~s~~uffit. Oui, il était un homme, voué au travail, ayant, comme ~~v~~ous tous sa mission et sa destinée, portant le front levé, ~~s~~entant battre une âme dans sa poitrine humaine. Cet hom~~m~~e vous l'avez écrasé comme un chien, et votre vengeance ~~n~~e lui a même pas ménagé cette minute de l'heure dernière, ~~q~~ui permet au plus humble des mourants un retour et une ~~l~~arme sur les fautes de la vie.

Messieurs, voilà la gravité du crime à côté de sa preuve. ~~J~~e confie ces deux choses à votre suprême justice. Oui, je le ~~v~~ois, je le sens : ma conviction a passé dans vos consciences ~~c~~omme mon émotion dans vos cœurs. Insister encore, ce se~~r~~ait faillir à ma tache pour vouloir trop la remplir. Tout res~~t~~era gravé dans vos esprits en traits ineffaçables. Si je dou~~t~~ais, je désespérerais de la raison humaine, je dés spérerais

de la justice, je désespérerais de la sécurité d'un pays dont vous ne sondez les plaies que pour les guérir. Pour fermer celle-ci il ne faut ni hautes lumières ni grand courage : lumières et courage, vous avez tout cela : mais ici le bon sens, le vulgaire bon sens suffit, et nous attendons votre verdict avec sécurité.

Après cet éloquent réquisitoire qui, pendant près de deux heures, a captivé l'auditoire, l'audience est suspendue pendant quelques instants.

A la reprise de l'audience la parole est donnée aux conseils des accusés.

Me HATTU se lève.

M. le PROCUREUR-GÉNÉRAL. — Il serait plus logique que le défenseur de Potier prît le premier la parole.

Me HATTU. — Nous nous sommes entendus avec mon confrère, Me Flamant, et nous présenterons l'un et l'autre la défense des deux accusés, nous avons eu l'honneur d'en prévenir M. le président.

M. le PROCUREUR-GÉNÉRAL. — Je ne m'y oppose nullement.

Me HATTU commence en ces termes :

PLAIDOIRIE DE Mc G. HATTU.

Messieurs de la Cour, messieurs les jurés.

Enfin l'heure de la justice a sonné.

Enfin après 6 mois de douleurs il est permis à ces malheureux de faire entendre un mot de défense.

. Certes, messieurs, cette affaire est digne de vos esprits, digne de vos méditations.

Si délicate déjà par l'impossibilité des constatations, par les circonstances du crime, par l'émotion qu'il a causée dans le pays, ma tâche est devenue plus difficile encore par la présence à cette audience du chef honoré de ce parquet.

Une accusation terrible portée contre ces deux hommes, leurs dénégations persistant pendant 11 interrogatoires pour l'un, 8 pour l'autre et toujours avec le même calme, la même assurance, que ni les exhortations du juge d'instruction, ni le secret, ni l'isolement n'ont pu démentir ; voilà, messieurs, ce que nous avons vu dans cette affaire ; et nous nous sommes demandé si ceux que nous défendons étaient les lâches assassins de Deneubourg, si l'accusation avait apporté assez de preuves de leur culpabilité pour que vous puissiez, en sûreté de conscience, rendre un verdict qui, déshonorant deux familles honnêtes, estimées de tous, ferait rougir deux fois l'échafaud. Que sont donc les accusés ?

Potier a 45 ans, fils de fermier, fermier lui-même, il a su par sa peine acquérir une modique fortune, élever deux enfants ; et, l'estime publique qui va toujours à quiconque sanctifie sa vie par le travail, couronnait sont existence. Ce n'était pas, messieurs, comme le disait M. le procureur-général, un brave homme dans le sens du monde, parce qu'il n'avait jamais volé, c'était un honnête homme. Ni vif, ni méchant, il ne prenait jamais part à ces luttes si fréquentes dans nos campagnes, après les copieuses libations du dimanche ou du lundi, il ne s'y exposait pas, il ne s'y interposait même pas.

Bon pour tous, il est encore sur ce banc suivi par les vœux de ceux qui l'ont connu. Voilà Potier !

Hoez est âgé de 28 ans, il a honorablement servi le drapeau de la France. Soldat au 2ᵉ régiment du génie, il a fait la campagne d'Italie, et, chose rare sous l'empire de la discipline militaire qui punit si sévèrement les moindres infractions à sa règle, il pu rapporter dans son village une feuille blanche de punitions.

Ce matin, on a lancé dans le débat un fait sur lequel je dois attirer votre attention. Je veux répondre à tout. J'entends parler de la querelle d'un nommé Boulet avec Charles Hoez. Un soir, Hoez et Vaillant, témoin aujourd'hui, revenaient paisiblement ensemble. Boulet attaque Charles, le terrasse, et, battu à son tour, il va porter plainte. Procès-verbal est rédigé. Une instruction s'ouvre qui qualifie le fait : tentative d'assassinat. La justice qui fait toujours son devoir ne voit rien dans cette affaire qu'une contravention de police. Les deux lutteurs, battant et battu sont renvoyés devant le juge-de-paix, et Boulet est condamné à un jour de prison, tandis qu'Hoez n'a qu'une légère amende. Qui des deux était le plus coupable ? Vous le savez maintenant, messieurs, et vous savez aussi quels sont les antécédents des deux accusés.

J'arrive aux faits mêmes de l'accusation.

Quel est donc, Messieurs, le mobile qui a poussé ces deux hommes au crime dont on les accuse ? M. le procureur-général vous a dit : « Le mobile ! j'en ai trouvé plusieurs : le mauvais gré, la vengeance, la jalousie. Le mauvais gré ! après ces longs débats, après deux jours de discussions, pensez-vous qu'il existe dans cette affaire ? Je sais bien que le ministère public a fait une distinction, et qu'en présence des témoins qui viennent nier son existence à Ewars, il a dit qu'on ne le rencontrait pas là aussi ardent qu'en Belgique, que dans l'arrondissement de Lille. Souvenez-vous que MM. Ribeauville et Delfolie, que M. le maire de la commune, interpellés, ont répondu qu'ils étaient certains, et certains par une expérience de chaque jour, que le mauvais gré ne régnait pas à Ewars. Mais le fait de la dépossession, ce qui est énorme a dit M. le procureur général, ce qui est plus que la violation d'un droit légitime, et peut entraîner aux excès les plus coupables !

Voyons, la dépossession alors. Potier était-il dépossédé ? Mais non. Tous les témoins l'ont dit, Deneubourg n'avait loué la terre que pour la rendre à Potier. Il n'y avait plus qu'une différence de 50 centimes acceptée par l'accusé, mais à la condition qu'on lui donnerait ce qu'il appelait *sa contenance*. Au cabaret, chez le notaire, à *la Montagne*, partout enfin, nous entendons Deneubourg dire à qui veut l'entendre : Je n'ai pris cette terre que pour la rendre à Potier, s'il la veut.

Potier savait donc bien qu'il n'était pas dépossédé, et s'il devait l'être, cette dépossession ne dépendait que de sa volonté. On ne peut donc prétendre que le mauvais gré qui n'existe pas, pas plus que la dépossession qui, si Potier l'eut voulu, n'eut pas existé, pouvait exercer une influence quelconque sur l'accusé.

Quelle a été, du reste, la conduite de Potier ? S'est-il montré le chef des mécontents ? A-t-il tenu l'étendard de la ré-

volte ? A-t-il poussé les fermiers de M. Ribeauville à refuser les augmentations proposées ? Non. A *la Trompette*. M. Ribeauville l'a dit, ce n'est pas lui qui dirigeait les autres ; ce n'est pas à lui que s'adressaient ces mots du propriétaire : Tu mets toujours un bâton dans les roues. La seule chose qui l'ait jamais préoccupé, c'est la contenance de sa terre. Il n'a jamais dit autre chose dans les onze interrogatoires qu'il a subis, et si quelquefois il a fait des réponses non complètement identiques, ce qui ne serait pas étonnant, lorsqu'on est onze fois interrogé, jamais, je le maintiens, il n'a varié sur ce point. Ainsi, disons donc que quant à lui, le seul mobile du crime qu'on ait pu donner, disparaît devant ces simples réflexions.

Charles Hoez a été poussé, dit-on, par la jalousie, par la vengeance.

La vengeance ! Il espérait avoir de son oncle la terre que Deneubourg avait reprise. Qui le dit ? qui le prouve ? Il avait pu à une certaine époque, il y a deux ans, concevoir cette espérance, quand la famille de Potier le poussait à céder sa culture, mais depuis, ne devait-il pas se souvenir que cette terre, autrefois dans sa famille, avait été abandonnée faute d'argent pour la faire valoir ; ne savait-il pas que Potier, son oncle, n'avait jamais connu ces désirs, et qu'il avait du reste résisté aux instances de sa famille qui le poussait à aller demeurer à Cambrai. Il n'avait donc aucune raison de croire à une cession prochaine. Ainsi, disparaît pour lui, le premier des motifs de crime. Voyons, le second. La jalousie !

Il fallait, en effet, quelque chose de plus puissant qu'une espérance que rien ne justifiait, pour armer le bras d'un homme honnête jusqu'à ce jour. La jalousie ! Charles Hoez, jaloux de Deneubourg ; et pourquoi, mon Dieu ! parce qu'auprès d'une femme que quelques fûts de bière rendait facile à des amours adultères, Hoez aurait fait des instances ! parce qu'à celle qui se donnait à si bon compte, il aurait un jour demandé quelques faveurs. L'aimait-il cette femme, pour être jaloux des privautés de Deneubourg, pouvait-il l'aimer ? Quelque peu délicats qu'on vous peigne ses sentiments, ils étaient ceux que tout homme peut avoir. Il savait la conduite d'Elise Lefebvre : lui-même, si les témoins ont dit vrai, avait été la chercher quand Deneubourg la quittait, et elle lui avait donné les mêmes caresses que celles qu'elle venait d'accorder à son prétendu rival. Il ne pouvait l'aimer, parce qu'on n'aime point une femme qui se vend, il ne pouvait l'aimer parce que l'amour est égoïste et ne souffre pas le partage. Ne parlons donc pas d'amour dans cette cause, ce serait profaner ce puissant et doux présent du ciel. Hoez n'aimait pas, donc Hoez ne pouvait être jaloux.

Ainsi se détachent, ainsi se rompent les anneaux de cette chaîne dont parlait M. le procureur général, lorsque dans un magnifique langage il vous disait : Potier est rivé à ce cadavre comme Hoez est rivé à Potier.

Et vous le sentez, Messieurs les jurés, enlevez de cette cause le mobile du crime, ne parlez plus ou plutôt ne pensez plus au mauvais gré, que restera-t-il ? Une affaire d'une importance ordinaire, un assassinat comme tous les assassinats possibles, un crime dont il faudra étudier les circonstances, eux accusés dont il faudra scruter la conduite, peser les paroles, et une justice impartiale, froide et digne, qu'il faudra dire à tous.

Etudions donc ensemble les détails de ce procès, voyons quelle fut la conduite des deux accusés pendant cette fatale journée du 24 septembre.

M. le procureur-général, qu'on me permette le mot, a été à la mer bien des charges que l'accusation avait cru recueillir. Ainsi, l'histoire du cabaret de la *Madeleine*.

M. le Procureur-Général. — Je n'en ai pas parlé.

Me G. Hattu. — C'est possible, mais on a fait venir à cette audience quatre témoins pour parler de ce fait, MM. les jurés les ont entendus, je dois parler de ce dont ils ont déposé. On vous a fait venir quatre témoins pour dire dans quel état de surexcitation se trouvait Potier dans l'après-midi du 24. L'acte d'accusation vous a dit qu'il était distrait, préoccupé en jouant au *billon* dans le cabaret de la *Madeleine*. On voulait établir la préméditation, l'exaspération coupable et l'on disait à Potier : Vous jouiez au billon, vous n'étiez pas à votre jeu, vous étiez distrait, on était obligé à chaque coup d'aller vous chercher. Nous savons maintenant à quoi nous en tenir sur ce point ; nous avons entendu Delfolie, nous avons entendu Lefebvre, nous avons entendu Déseteaux, qu'ont-ils tous dit. On jouait trois contre un et cela ennuyait Potier, il n'a plus voulu jouer.

Suivons donc le premier accusé, qu'a-t-il fait, où a-t-il été.

Il me semble à propos de dire ici qu'on a voulu savoir si, à Cambrai, Potier n'avait pas envoyé quelqu'un à Ewars prévenir Charles et Prosper Hoez des complications qui survenaient, si il n'y avait pas eu un complot formé d'avance entre eux. Les magistrats et, j'en suis sûr, mon loyal adversaire avaient compris que ce qui manquait à l'accusation, était le moment du complot, c'était l'heure où les volontés criminelles avaient été mises d'accord. Où on s'était dit : Deneubourg est voué à la mort, voilà comment on opérera ; alors on a parlé d'une femme dont le nom n'a plus été prononcé à ces débats, la femme Péru, et alors on a interrogé tous les cabaretiers de l'allée St-Roch pour savoir si Potier qui y avait posé n'avait pas rencontré un émissaire complaisant et coupable. On n'a rien trouvé, et après la scène du cabaret de la *Madeleine*, on le fait entrer à Ramillies, à la Montagne, chez Charles Lerouge. Entrons avec lui. Au moment où arrivé à la porte, Delfolie sort avec un consommateur. Qui a-t-il dit bonsoir. Potier prétend qu'il l'a fait, Delfolie proteste et affirme n'avoir rien entendu ; mais souvenons-nous que Delfolie est sourd et peut très bien n'avoir pas fait attention au bonjour de l'accusé. Il va vers Deneubourg, en passant il repousse Delfolie ce qui est, dit l'accusation, le premier fait qui trahit sa mauvaise humeur. Voyons, Delfolie sort, Potier entre, la porte est étroite. L'un pousse un peu l'autre. Quoi de plus naturel ? Dans la bouche du ministère public les moindres choses prennent de la gravité. Passons.

Il dit à Deneubourg : « Il n'y a qu'un j... f... comme toi pour m'avoir fait cela ; tu es un grossier personnage. »

C'est possible et je ne sache pas, au demeurant que Potier ait eu lieu d'être bien satisfait. Ne venait-on pas de lui dire que Deneubourg qui lui avait promis de louer la terre Ribeauville pour l'accusé, devait et voulait la garder pour lui-même ? Tu es un grossier personnage. Voilà comment il traduit sa mauvaise humeur. L'expression de j... f... n'est racontée que par la femme Ch. Lerouge, et nous savons pourquoi Lerouge et Potier sont en désaccord, nous savons que Lerouge a une recette pour faire prendre aux conscrits un bon numéro, que le fils de Potier qui a eu recours à son malifice serait soldat si un cas de réforme ne l'avait dispensé du service, et qu'il ne voulut pas payer les 50 fr. qu'on lui réclamait.

Je le veux encore. Potier a dit à Deneubourg qu'il était un j... f..., mais de ces mots à un crime, à l'idée même d'un crime, il y a un abîme. Examinons si l'accusation a apporté assez de preuves pour le combler.

Cet instant de colère, et je vais jusque là, cet instant de colère passé, on se met à table ; tous ensemble. On prend de la bière, on boit du café, on cause, on rit. On cause terres, c'est vrai. Potier récrimine, c'est vrai. « Tu as passé sur mes luzernes, je te ferai un procès ; quand on louera des terres à Ewars, je te rendrai la pareille, c'est vrai encore, il a dit tout cela, je ne veux rien nier, je ne veux rien omettre. Puis, on parle de femmes, on plaisante Deneubourg, on vante ses succès amoureux, il se laisse faire et se complaît dans ces sarcasmes qui établissent publiquement sa supériorité virile. C'est à ce moment où la conversation suivait cette voie amicale et gaillarde qu'entrent Jean-Baptiste Potier, fils du premier accusé, et Charles Hoez, second accusé. Comment et pourquoi venaient-ils chez Lerouge ? demandons-le à l'instruction.

Nous avons vu Delfolie sortir de chez Lerouge, il avait descendu la rue de Paillencourt et était entré chez Gresillon. Là se trouvaient réunis, dans l'ordre suivant, ce qui est important à noter, Jean-Baptiste Potier, assis sur une table. Decarpigny ayant à son côté Charles Hoez, Vaillant et Prosper Hoez. En entrant, et s'adressant à Jean-Baptiste, Delfolie dit : Ton père est chez Lerouge, il va peut-être se battre avec Deneubourg. Alors Potier fils se lève, va demander à Charles Hoez s'il le veut suivre et tous deux se disposent à sortir.

Là se place le premier fait à la charge de Charles Hoez. Un propos est rapporté par l'accusation : « *Je croyais avoir cette terre, je ne l'ai pas, l'autre l'aura, je vais lui en f... une que le diable aura pitié de sa peau.* » Qui a dit ces paroles ? Qui a ajouté : « *Il ne faut pas y aller seul crainte de le manquer.* » Oh les témoins ont varié. Les uns Vaillant et Decarpigny ont attribué les premières à Charles Hoez, les secondes à Prosper ; Ségard à prétendu à l'audience que Charles Hoez seul avait dit tout cela ; mais dans l'instruction, et à la page 137 de ma copie de pièces, je vois qu'il attribue à Prosper ce propos menaçant, et qu'il ne place aucune réponse dans la bouche du second accusé.

Je le sais, il a varié depuis, Vaillant et Decarpigny qui,

quelques jours seulement après le crime avaient dit aux gendarmes (qui faisaient une enquête), ne rien savoir, n'avoir rien entendu, et ne connaître les menaces de Hoez que par Ségard, Vaillant et Decarpigny ont dit à l'audience avoir entendu eux-mêmes ces paroles qu'ils rapportaient. Ah, messieurs, c'est qu'il, en est toujours ainsi dans les affaires criminelles. Chacun est jaloux de servir la justice, d'apporter sa petite pierre à l'œuvre de l'instruction· Ce qu'on dit d'abord par vanterie et fausse gloire, on le dit ensuite par faux respect humain, et pour ne pas avouer qu'on a menti d'abord.

C'est qu'on ne savait pas que l'affaire deviendrait si grave et qu'il fallait bien éclairer la justice au moment où les soupçons planaient sur tant de monde, où tant de gens étaient inculpés...

M. le Procureur-Général. — On n'en a arrêté qu'un troisième.

Mᵉ Hattu. — Oui, Prosper Hoez seul a été arrêté ; mais Potier fils a été fort heureux qu'un employé de l'octroi de Cambrai l'ait vu rentrer à une heure qui rendait impossible sa participation au crime. Lefebvre a été mis en suspicion.

Quoi qu'il en soit, je maintiens que ce propos, point de départ de l'accusation contre Charles Hoez, a été, par les témoins, tantôt attribué à Charles, tantôt à Prosper, tantôt à l'un et à l'autre. Je maintiens que quand il s'agit de faire tomber deux têtes...

M. le Président. — Mais enfin...

Mᵉ Hattu. — De faire tomber deux têtes, il faut autre chose que des contradictions, il faut des certitudes, et il est permis alors même d'hésiter encore.

Et remarquez ce qu'a d'incroyable la version ou plutôt la prétention de l'accusation.

Quoi, voilà des hommes que je crois honnêtes, qui sont braves, qui sont forts, ils entendent ces propos, ils voient sortir Prosper et Charles disant : nous allons lui en donner ; ils entendent qu'un complot se trame et ils ne cherchent pas à prévenir la victime et ils ne suivent pas Potier et Charles. Non, c'est impossible, et nous sommes obligés de repousser ces témoignages par la force même de ce bon sens auquel faisait tout à l'heure appel M. le procureur général.

Ajoutons enfin, pour en terminer sur ce point, qu'un témoin a dit hier à l'audience que placé près de Prosper Hoez, il ne l'avait pas vu parler à Charles. Ainsi pas de complot à ce moment, pas de crime projeté, pas même de menaces bien précises, bien certaines, rien jusqu'à présent.

Donc, Messieurs les jurés, Charles Hoez entre chez Lerouge avec Jean-Baptiste Potier. La situation des buveurs est la même que celle qu'ils occupaient quand nous les avons quittés. La conversation est la même. Jean-Baptiste Potier s'assied vis-à-vis son père, on lui offre une chope qu'il accepte, on en offre une à Hoez qui a pris place au cercle commun. Que va-t-il donc se passer encore pour que l'accusation prenne acte de la présence du second accusé au cabaret Lerouge, voyons, interrogeons l'instruction ?

Ah ! Messieurs, combien est affreuse la position de ces malheureux qu'une inculpation amène sur ces bancs ! Un mot, une larme, un soupir, on épie tout, on note tout, on interprète tout. Non, je ne veux pas accuser, et mon loyal contradicteur le sait bien, je n'accuse pas le magistrat, je ne veux rien dire qui semble même être un reproche. Hoez entré chez Lerouge, s'assied .. comment ? Qu'importe, direz-vous. Oui, Messieurs, il importe, et beaucoup, vous allez le voir. Vous le savez, les témoins ont dit qu'il se mit à cheval sur sa chaise. Pourquoi, lui dit M. le juge d'instruction, vous placer ainsi sur votre chaise, vous avez une raison. Et quelle raison voulez-vous qu'en donne l'accusé ? S'en souvient-il seulement ? C'est que, ajoute le magistrat avec une habileté qui décèle une habitude profonde des affaires criminelles, c'est que vous mettant ainsi sur votre chaise, vous pouvez vous lever plus vite, et saisissant votre siège vous en faire une arme terrible !! N'est-ce pas, Messieurs les jurés, que c'est cruel, et qu'il est à plaindre celui qui se trouve ainsi sans appui, sans conseil, placé en face d'une accusation, en présence d'un juge que la recherche seule de la vérité guide, il est vrai, mais qui peut se tromper enfin, car il est homme !

Mais Hoez a regardé Deneubourg d'un air sévère, c'est la physionomie ordinaire d'Hoez. Admettons qu'Hoez ait voulu s'interposer entre Deneubourg et son oncle, qu'y a-t-il d'extraordinaire, on a même été jusqu'à soupçonner Potier fils qui serait peut-être sur ces bancs. si un employé de l'octroi n'avait pas eu à visiter son paquet. Je le répète, qu'y a-t-il d'extraordinaire qu'Hoez ainsi que le fils de Potier aient été au cabaret où se trouvait celui-ci dans la crainte d'une rencontre de leur oncle, de leur père avec Deneubourg, pour le secourir ou pour s'interposer.

Et puis, Potier ne buvait-il pas avec Deneubourg, n'avait-il pas dit à son neveu et à son fils de s'en retourner? Au moment où Lesne est sorti. ne riait-on pas , ne causait-on pas, si bien que Huart croyait que la paix était faite. On parlait de choses légères, on parlait de la fidélité des femmes ; on ne pensait plus à la terre. Potier sort en même temps que Lesne, à 7 heures 1|4, pour satisfaire un besoin. Ici vient se placer une charge nouvelle de l'accusation. Potier aurait dit à des gens mystérieux, retournez-vous en, je m'en irai seul avec lui. Et voilà le complot ourdi, tramé, tout est décidé, tout est fait ; mais quoi, qu'est-ce qu'on a pu décider, comment le complot a-t-il pu être formé ; Huard a déclaré que Potier n'était resté dehors que le temps nécessaire pour satisfaire un besoin. C'est la seule fois qu'il soit sorti du cabaret, et s'il était resté longtemps, on aurait remarqué son absence. Charles Hoez n'avait pas vu son oncle de la journée, il ne savait pas ce qui s'était passé dans le cerveau de Potier, il ne savait pas les projets de vengeance de Potier, en supposant un instant que celui-ci les ait agités dans sa tête ; ils n'ont pas été vus seuls ensemble une fois, dans la journée, et vous voulez qu'ils aient le temps de former leur complot, en une minute ; vous croyez qu'il suffise d'un signe, d'un mot, pour qu'ils concertent entre eux l'assassinat de Deneubourg. Aussi, comme je l'ai déjà dit, l'instruction sentant bien qu'il n'y avait pas là le temps nécessaire pour un complot a fait re-

ercher si, de Cambrai, Potier ne s'était pas mis en relation
ec Hoez.

Et puis les deux accusés n'étaient pas seuls, à la porte de
erouge, il y avait Potier fils qu'on n'accuse pas, qu'on ne
upçonne plus, Et devant ce fils, devant son enfant, un père
tracer le plan d'un assassinat, va en débattre les circons-
nces, en peser certainement les chances, les conséquences,
ce fils qui est honnête, lui, ne va pas dire à son père com-
en ce crime sera odieux, quel deshonneur va les couvrir !
ce père ne rougira pas devant son fils de...

Oh tenez, messieurs, je n'insiste pas, vos cœurs ont com-
is, vos cœurs ont protesté, non, si un complot a été fait,
un guet-apens a été résolu, ce n'est pas à ce moment,
n'est pas devant Jean-Baptiste Potier, et alors quand, où?
ue signifient ces mots prononcés par l'accusé?

Ce propos doit s'expliquer ainsi, Charles a demandé
Potier s'il voulait qu'il l'accompagnât; quoi de plus natu-
l? Ils sont du même village, ils sont parents. Voulez-
ous que je vienne vous prendre, lui aura-t-il dit encore.
lors Potier aura répondu : Non, je retournerai seul avec
i, retournez vous en.

Vous le voyez, messieurs, tout est simple, tout s'explique
ans le système de la défense, Savez-vous maintenant com-
ent l'accusation traduit ces paroles si ordinaires de l'accusé?
Il fallait, dit M. le procureur-général, donner toute con-
ance, toute sécurité à Deneubourg, qu'une escorte trop
ombreuse aurait pu faire tenir sur ses gardes. En vérité
oilà une interprétation que je ne puis comprendre, j'en de-
ande pardon à M. le procureur-général. Quoi, pour don-
er de la sécurité à Deneubourg, il faut partir seul avec lui?
ais Deneubourg n'est pas, ne peut être inquiet, pourquoi
serait-il ? Ne vient-on pas de faire la paix, comme le dit un
émoin, ne vient-on pas de prendre ensemble et le café et
es petits verres ? Au contraire, si réellement un complot
st tramé, si Deneubourg doit périr, Potier ne sera pas
eul avec lui. Car enfin, si au moment de l'attaque Charles
est pas là, s'il a mal compris l'heure, le lieu, la manière
ont les choses devront se passer, et on n'a guère eu le
oisir de parler longuement de ces choses, Potier est un
omme perdu, Potier est un homme mort. La force athlé-
ique de Deneubourg lui est connue, il sait l'histoire du pont
'Iwuy, on vient de la lui dire. Potier, avec l'habileté que
ui donne l'accusation, n'aura pas commis une faute sembla-
le, non, non, si Deneubourg doit être leur victime ils
artiront ensemble pour l'empêcher de se défendre;
on, non, ils ne s'embusqueront pas au risque de se tromper
ls l'accompagneront pour ne pas le manquer.

C'est ainsi, messieurs, qu'on est forcé de reconnaître que
e réquisitoire, si puissant par la parole, que vous avez en-
endu, ne repose en réalité que sur des conjectures, sur des
suppositions, dont nous espérons vous avoir modestement
prouvé l'impossibilité de réalisation; et alors nous dirons
que Charles Hoez qui avait quitté le cabaret Lerouge avec
Jean-Baptiste Potier pour empêcher une querelle, qui peut-
être, je puis aller jusque là, avait l'intention de défendre

son oncle contre la force énorme de Deneubourg, voyant que
tout est calme, que rien ne fait présager une lutte, cède aux
instances de Potier père, se retire avec le fils Potier qui part
pour Cambrai, et retourne au cabaret Gresillon.

Disons qu'il est impossible qu'un complot soit ourdi à la
porte de Lerouge, d'abord parce que le premier accusé est
resté trop peu de temps sorti pour avoir pu le former, ensuite parce que les paroles qu'on rapporte protestent même
contre toute idée criminelle.

Charles Hoez va entrer chez Gresillon. Un bruit sourd se
fait entendre. Les consommateurs viennent sur la porte, y
trouvent Prosper Hoez et voient Charles longeant la maison.

Qui donc a causé ce bruit, demandent Vaillant et Decarpigny, ce sont des moutons surpris par l'orage. Ils passaient
au galop et ont effrayé Charles Hoez. Mensonge, dit l'accusation, vous êtes réduits, ajoute-t-on, à faire mensonge sur
mensonge, c'est la loi fatale de votre culpabilité.

Avouez, M. le procureur-général, que voilà un coupable
singulièrement bien servi par la Providence qui n'a pas
d'ordinaire de ces complaisances pour les assassins. Vous
prétendez que le bruit entendu est dû au tas de bois qui
croule quand l'accusé va y choisir son arme. Il affirme lui
que ce sont des moutons qui fuient, et ce dire, cette prétention se trouvent à quelques jours de là justifiées par un
procès-verbal du garde de Ramillies. Savait-il, ce malheureux, s'il ne les avait pas vus, que des moutons seraient
passés dans le village, qu'on aurait pu le constater ! Et d'où
lui viendrait cette intention ? Ah ! c'est que Dieu qui, quelquefois, permet les erreurs judiciaires pour apprendre aux
hommes qu'ils sont faillibles, et doivent se défier d'eux-
mêmes, fournit souvent aussi aux innocents des preuves qui
ne laissent pas douter. Expliquerai-je son trouble en entrant
au cabaret ? Qu'importe qu'il ait été soldat, s'il a été étonné
dans cette nuit obscure, qui pourrait répondre assez de soi-
même pour dire qu'il pourra se défendre d'un moment de
frayeur s'il est ainsi surpris sans s'y attendre !

Il entre dans le cabaret, refuse le souper qu'on lui offre
et sort immédiatement avec son oncle Prosper. Pourquoi ne
veut-il pas attendre ses camarades Vaillant et Decarpigny.
Pourquoi ? parce que on ne lui a pas offert à souper, quoi
qu'en ait dit M. le juge d'instruction qui, malgré les dépositions des témoins entendus, a, bien involontairement sans
doute, persisté dans cette erreur. Nous n'avons plus de soupe
à vous offrir lui a dit la femme Gresillon, et cet homme s'est
trouvé blessé, il a cru voir dans ces paroles une façon polie
de le prier de partir, et il est parti. Oh, je sais bien que le
magistrat instructeur, qui, selon moi, a l'immense tort de ne
pas croire à la politesse des campagnes, leur a dit qu'il était
bien étrange qu'ils eussent été froissés par ce propos de la
cabaretière ; mais enfin, Charles et Prosper Hoez sont ouvriers. Vaillant et Décarpigny sont chefs d'ateliers. Les premiers ont cru voir une préférence marquée pour les seconds
et n'ont pas voulu pousser la condescendance jusqu'à attendre ainsi que ceux devant qui et au profit de qui ils se
croyaient humiliés, eussent fini le repas qu'on venait de leur

refuser à eux-mêmes.

Ils partent donc ensemble, il est 9 heures un quart ou 9 heures et demie, dans un quart heure au plus ils seront chez eux. Et en effet, la mère de Charles entendue dans l'instruction dit qu'il était entre 9 heures et demie à 10 heures moins un quart quand son fils est rentré, et cette pauvre femme ne savait pas alors qu'on l'interrogeait, quel était le système de défense de son fils, quel était celui de l'accusation. Elle ignorait que de sa réponse peut-être allait dépendre la vie de son enfant.

Que reste-t-il donc, messieurs, et quel est celle des charges portées contre Charles Hoez que je n'ai pas rencontrée ? résumons nous et voyons : Les propos chez Gresillon, ils n'ont pas le sens qu'on leur a donné, il n'est pas même certain qu'ils aient été tenus par l'accusé. Il s'est assis à cheval sur une chaise regardant Deneubourg d'un air sévère, soit; mais il n'a pas dit un mot, pas fait un geste qui put trahir une pensée mauvaise, un désir criminel. Le propos tenu par Potier : Non, retournez-vous en, je retournerai seul avec lui? Vous savez comment il s'explique.

M. le Président.—Me Hattu vous commettez une erreur, quand vous dites les mots prononcés par Potier : *Non*, retournez-vous en. Potier n'a pas dit : *non*.

Me Hattu.—Je croyais qu'il l'avait dit et que cela était dans l'instruction. Ce mot a été rapporté ainsi à l'audience. Dans tous les cas. mon raisonnement subsiste, il reste debout, messieurs les jurés apprécieront la rectification. Je continue. Le bruit chez Gresillon, le prétendu trouble d'Hoez s'expliquent de la façon la plus naturelle du monde. Vous vous souvenez pourquoi il part sans attendre Vaillant et Decarpigny, vous vous souvenez qu'il rentre chez lui un quart d'heure avant le crime, il n'a donc pas pu le commettre.

Et le sang, me dira mon honorable contradicteur. Le sang! sur son pantalon, il était ancien, très ancien, déjà lavé, déjà repassé nous a dit l'expert. Or, on ne lave jamais que le dimanche, c'est l'instruction qui nous l'a appris. Et depuis le jour du crime, Hoez n'a pas changé de vêtements, c'est établi par les témoins. Ce premier point disparaît.

Sur le gilet. Et d'abord vous avez pu voir combien sont imperceptibles les taches du gilet. Il ne s'est jamais coupé, jamais blessé, c'est lui-même qui l'a dit aux gendarmes. Pardon. Devant M. le juge d'instruction, Hoez a protesté contre cette allégation. Il a montré au magistrat la blessure qu'il porte encore et qu'on peut voir aujourd'hui, il la lui a montrée, c'est constaté aussi. Le juge l'a-t-il vu? Nous n'en savons rien, les procès-verbaux n'en parlent pas; mais enfin, elle existe. Et quoi d'étrange à ce que, charpentier, il se soit quelquefois blessé. Croyez-moi, Messieurs, si Hoez avait manié l'arme terrible qui a brisé la tête de Deneubourg, le sang aurait inondé ses vêtements, il en eut été couvert, et cela eut été la première vengeance que Dieu aurait tiré du crime. Si ce sang était celui de Deneubourg, Hoez, comme il le disait lui-même, aurait enfoui ou brûlé ces vêtements accusateurs.

Ainsi disparaissent une à une toutes les charges qui semblaient peser si fort sur Charles Hoez. Ainsi ont disparu celles qui, jusqu'à l'heure de la séparation des accusés à la porte de Lerouge, menaçaient Potier lui-même. A mon confrère le reste de la tâche.

J'ai fini, Messieurs, et je le sens au soulagement de mon cœur, à la voix de ma conscience, ma défense, si imparfaite pourtant, mais que viendra compléter la voix éloquente du défenseur de Potier, ma défense vous a ébranlés, ma conviction a passé dans vos âmes. J'ai fini, et cependant j'avais encore bien des choses à dire sur cette ténébreuse affaire, sur ce crime que Dieu semble avoir voulu, dans ses desseins impénétrables, rendre mystérieux pour nous.

Qui sait, Messieurs, si dans ses conseils suprêmes, sa justice impitoyable justifiant le mot cruel de la veuve Deneubourg : « *Telle vie. telle fin,* » n'a pas voulu terminer une vie adultère par une mort non vengée !

Pour vous, qu'un devoir austère appelle à décider de la vie de deux hommes, songez qu'un jour à ce même Dieu, vous aurez à rendre compte du sang qu'on veut que vous fassiez verser !

Après cette plaidoirie, qui n'a pas duré moins de trois heures et qui a paru impressionner vivement le jury et l'auditoire, l'audience est suspendue pendant quelques instants.

Me Emile Flamant, à la reprise de l'audience, s'exprime en ces termes :

PLAIDOIRIE DE Me Emile FLAMANT.

Messieurs,

Nous avons à rechercher la vérité dans une affaire grave, difficile ; c'est une tâche périlleuse et qui nous impose à tous des devoirs considérables.

J'accepte volontiers les premières paroles que prononçait tout à l'heure M. le procureur général. « La vérité vient rarement à nous, c'est nous qui devons aller à elle. » Il nous faut en effet la surprendre, la contraindre à se révéler; et dans ces luttes terribles où sont engagées la liberté, la tête de ceux que nous défendons, ce n'est pas assurément des accusés que peut venir le secours. Qu'il aient ou non intérêt à garder de terribles secrets, qu'importe à notre étude, à notre travail, à notre œuvre sainte de justice? Je réclame en dehors d'eux et pour eux tout le travail soutenu de vos esprits, tout le labeur de vos intelligences : Il me faut tout votre cœur !

La tâche qui vous est dévolue, Messieurs, est considérable.

Il faut à l'œuvre de la justice, la fermeté, la constance et la bonté. — La fermeté, car sans elle nous serions livrés à toutes les séductions, à toutes les incertitudes dans ces luttes, où le talent doit en bonne justice demeurer sans puissance, où les sympathies et les préventions doivent se taire; où le fléau de la balance ne doit marquer que le poids sérieux et juste du bon droit ; par la fermeté, la justice est attachée aux règles, et garde dans sa conduite l'égalité si nécessaire ! — La constance, c'est à dire cette patiente recherche au milieu de longs débats de ce qui est le vrai, de ce qui est le faux ; devoir infatigable de l'homme, qui veut tout examiner, tout entendre, tout peser; qui veut enfin que l'application du droit aux faits ne lui cause nul regret, nulle douleur. — Enfin

vous faut la bonté, la bienveillance. Sans cela votre justice
serait excessive et insupportable dans ses rigueurs. Comment
apprécier sans bonté les misères et les faiblesses humaines ?
Les accidents ordinaires de la vie, les actes les plus simples,
seraient travestis ou méconnus. Si vous vous laissiez entraîner aux séductions d'un monde idéal où ne règnent que le
vrai, le beau et le juste absolus vous n'auriez qu'une règle
inflexible pour mesurer les actions humaines ! Non, ce ne serait pas notre justice. Non, ce ne serait plus la vie ! la vérité !

Oh ! laissez-moi former votre justice de ces trois éléments
sacrés ! Par votre fermeté, les règles ne souffriront pas ; par
votre constance, je serai sûr que vous aurez tout examiné ;
par votre bonté, je serai sûr que rien ne sera exagéré contre
les malheureux accusés. Ainsi, votre justice sera exacte, humaine, soutenue, tempérée, ainsi vous la rendrez parfaite et
accomplie,

Je sens comme vous, Messieurs, la responsabilité du devoir
de l'accusation, et j'accepte sans effroi le devoir de la défense. Si la preuve a été faite par le ministère public, s'il a fait
pénétrer dans vos esprits la conviction qui l'anime, frappez,
Messieurs, la défense gardera sa douleur, elle pleurera son
impuissance et sa faiblesse ; elle respectera sans effort votre
justice ; mais si les preuves que M. le procureur général
vous a offertes dans ces débats sont insuffisantes, si les défenseurs ne se sont point laissé tromper par de trop généreuses
illusions, par de trop impossibles espérances, quelque terrible que soit le crime ; quelle que soit l'énormité de l'attentat ;
quelqu'effroi qu'il faille inspirer aux méchants, quelque sécurité que l'on doive restituer aux bons, il faut avoir la fermeté
de répondre « non » aux questions qui vous seront soumises.
Ce serait œuvre de justice ! Ce serait votre honneur d'homme
et de magistrat !

Donc, j'accepte le duel dans ces loyales conditions. Que
Dieu ne me prête pas son secours si je devais sauver un coupable, mais qu'il m'assiste si l'accusation est vraiment dans
l'erreur. Qu'il protége une défense, qui a tout à craindre, et
de la prévention si légitime que porte avec elle contre les
accusés une accusation reposant sur des faits si graves, si
émouvants, et de la supériorité du talent d'un magistrat, dont
l'éclat de la fonction et la présence rare en ces sortes de débats rendent plus périlleux encore les dangers que courent
ceux qui n'y apportent qu'un talent inférieur et la seule force
d'une conviction sincèrement formée.

M. LE PROCUREUR-GÉNÉRAL — Pourquoi l'infériorité du
talent? Je n'accepte pas cela.

Me E. FLAMANT.—Messieurs, je ne rentrerai pas dans les
détails de la cause. Beaucoup n'ont plus d'intérêt au procès.
M. le procureur général lui-même a dans sa loyauté fait justice d'un grand nombre. Mon confrère a vivement discuté ceux
que l'accusation avait retenus aux débats. Vous avez présente
à l'esprit son argumentation toute récente et vos convictions
sur ces points sont formées. Je porte ailleurs mes investiga-
tions. Voyons ensemble les points saillants du débat.

Et d'abord quel est le motif du crime? L'accusation l'a-t-elle
découvert? l'a-t-elle prouvé ?

C'est le mauvais gré !!

Le mauvais gré, sorte d'ambition jalouse qui attache le
paysan à sa terre, de telle façon qu'il ne saurait souffrir d'en
être dépossédé. C'est un orgueil secret ; une jalousie invincible, une haine contre quiconque reprendra la terre qui est
en vos mains, et sous l'empire de ces pensées le fermier sortant ne peut plus souffrir le fermier entrant, il voue cet en-
nemi à la mort. Rien ne saurait arrêter sa fureur.

Quelle justification, de grâce, est apportée de ce tableau ?
Le mauvais gré fût-il ce que vous dites en Belgique, à Orchies,
dans le Cambrésis, existe-t-il à Ewars ? Où en est la preuve,
aux débats? quel paysan, quel cultivateur, quel fermier, quels
propriétaires en ont parlé? Personne. Je sais bien que M.
le procureur général vous a dit : « Voyez, comme le mauvais
gré est pour ainsi dire l'affaire de tous, le mal secret que
nul n'ose s'avouer, aucun témoin n'a osé vous signaler
cette situation du pays, mais elle est connue. » A la
bonne heure...il faudrait cependant l'établir. Que vous a dit
Ribeauville ? — Je loue mes terres et augmente les prix sans
difficultés. — M. Monscourt, maire d'Ewars : « Il n'y a pas
de mauvais gré dans ma commune. » Tous les paysans, Lefebvre, Dezetaux, le receveur Delfolie : « On loue au plus
offrant, au plus haut enchérisseur, et sans nul embarras. »
Où donc est le point de départ de l'accusation ? Dans des
conjectures ou dans des renseignements pris ailleurs que dans
les témoignages. Qui vous a dit ici : Le mauvais gré existe
à Ewars ? Le garde, le maire, les propriétaires vous ont
donné des déclarations opposées. Le mauvais gré n'est donc
pas le motif du crime.

Mais Ewars fut-il soumis à ce préjugé qu'il faut détruire,
dans la cause y a-t-il quelque mot qui se rapporte au mauvais gré ? M. Ribeauville réunit ses fermiers à Cambrai, au
cabaret de *la Trompette*. Il annonce et déjà Delfollie l'a fait
avant lui, que l'on augmentera le fermage de 5 francs à la
mancaudée, mesure du pays. Le prix est débattu. M. Ribeauville cède dans la discussion ; il n'augmentera que de 2 francs
50 centimes. Tout le monde est satisfait. On fait servir la
bière : le contrat sera signé tout à l'heure. Un seul n'accepte
pas : Potier. Pourquoi n'accepte-t-il pas ? — Oh ! c'est ici
qu'il ne faut rien méconnaître, que tout est à retenir, à con-
server religieusement dans l'esprit. — Pourquoi Potier n'accepte-t-il pas? Ce n'est pas de lui que je veux tenir la réponse,
mais des auditeurs qui étaient à la conversation. — Pourquoi
refuse-t-il un nouveau bail ? — Pierre Lefebvre vous répond :
« Il voulait bien mettre le prix, il ne se plaignait pas qu'on
eût augmenté le fermage, mais il disait que sa terre était
courte. » Il n'avait pas la contenance énoncée dans l'acte.
Ribeauville, Delfolie vous affirment que jamais il n'a parlé du
prix, mais bien de la contenance. Est-ce là le mauvais gré ?
—Et ne dites pas qu'il dissimulait son véritable motif. Avait-il
alors la pensée du crime ? Pouvait-il songer à se préparer
une défense? Non, assurément. — Et chacun est d'accord
que jusqu'à la rédaction de l'acte, Potier était calme, d'humeur
ordinaire. Il joue au billon à *la Madeleine* et ce n'est pas lui
qui quitte le jeu, mais c'est Delfolie qui, dans l'intérêt de M.

Ribeauville, lui fait remarquer que ce défaut de contenance est peu de chose. Potier s'entête, quitte le jeu; il n'a menacé personne. Il a dit : « Qu'un autre la reprenne, s'il lui plaît; pour moi, je veux ma contenance. » C'est donc là l'idée fixe, l'idée discutée, l'idée débattue. Le motif du crime vous échappe. Ribeauville ne s'y est pas mépris, car il a répondu à Potier : « Si vous n'avez plus votre compte, c'est que vous avez mal défendu mes droits et les vôtres. Vous m'avez donc laissé prendre du terrain; un fermier doit mieux défendre les intérêts de son propriétaire. » Il n'a donc jamais été question que de la contenance, et si Potier a été mécontent, ce n'est pas de l'augmentation du prix. Ce point donc est fixé. Point d'opposition au propriétaire. Point de mauvais gré ! Le motif cherché par l'accusation lui échappe.

Deneubourg reprend la terre. D'un caractère un peu fanfaron, vantard, heureux de faire pièce aux autres ou peut être seulement pour que M. Ribeauville ne dut pas revenir une seconde fois à Cambrai Deneubourg reprend la terre de Potier à 52 fr. 50 c., c'est à dire en acceptant l'augmentation. Il paie une année, mais il annonce que c'est pour Potier qu'il a repris et que la terre est à la disposition de celui-ci. Il le dit à Potier lui-même; cela ne saurait faire doute aux débats.

Ne sommes-nous pas bien loin du mauvais gré? Où est la dépossession? où est la lutte entre les deux fermiers? où sont les résistances vaincues? les humiliations de l'amour-propre? la conviction d'un intérêt lésé? la douleur d'un droit méconnu? le projet dérangé par le voisin? l'embarras de l'intervention d'un fermier nouveau? — Tout cela doit disparaître et a disparu.—Seulement, Deneubourg qui a cru bien faire a mal servi les intérêts de Potier. Il n'a pas fait rectifier la contenance et son bon office ne peut servir de rien. Il a paralysé la réclamation du fermier, et Potier refuse un contrat qui n'est que celui qu'il pouvait avoir un moment auparavant. Pour reprendre sa terre *courte*, comme il dit, il ne lui fallait pas perdre sa journée à discuter avec M. Ribeauville, avec le receveur Delfolie, et Deneubourg a été l'imprudent ami dont le zèle mal entendu désoblige au lieu de servir; — mais il est encore un ami.

J'ai donc le droit de dire à l'accusation : Ah ! voila bien le plus effroyable de tous les crimes, car de motifs, nous n'en pouvons plus apercevoir. Non, l'accusation n'a point prouvé le mobile par elle supposé. Voilà un crime sans motif ou pour le plus futile de tous les motifs !

Ah ! que vous l'avez bien compris, et alors transformant ces misères ridicules en passions épouvantables, vous nous dites ; « Sans doute l'intérêt est minime, mais la passion qui s'exalte à ce triple courant du préjugé de la colère et de la jalousie ne saurait supputer froidement le chiffre de l'intérêt ou du préjudice ; elle ne calcule plus ; elle tue. »

Je le veux un moment.

N'est-ce donc rien que l'énormité de l'attentat, le péril à courir, la pensée de tuer son semblable ? Eh quoi? Ces gens ont parcouru pour l'un plus de moitié de sa carrière, il a dignement élevé d'honorables enfants, son cœur a goûté toutes les joies, ressenti toutes les espérances du chef de la famille, il a suivi dans la vie toutes les pratiques honnêtes et bonnes ;

l'autre est tout jeune encore, il a vaillamment servi son pays, aimé de ses chefs, il a rapporté pour en faire un trophée dans sa famille une médaille honorable, un certificat de bonne conduite, fierté du soldat redevenu laboureur, et de suite, là, sans combat, sans hésitation, ils vont tuer un homme! Non pas seulement leur semblable, fait à l'image de Dieu, comme eux levant le front au ciel, comme eux jouissant de la vie au milieu de plaisirs communs, mais leur ami, celui qui boit avec eux, celui qui n'a pris cette terre que pour la leur rendre, qui le leur a dit, avec lequel ils ont trinqué la bière du contrat. Et ces énormités seraient vraies ! et le poète mentait à la vérité quand, sous les inspirations de son cœur et de Dieu, il écrivait :

Quelque crime toujours précède les grands crimes !

Et il nous faudra croire à ces transformations féroces et subites qui ne laissent à l'homme rien d'humain. Cette main que vous serrez à ce moment peut tout à l'heure s'armer contre vous d'un poignard assassin, et dans une minute, sans pitié ni merci, avec une rage impitoyable, vous serez frappé comme un chien, par cet homme qui, touchant votre verre du sien, vous souhaitait bonheur et santé ! Juste ciel ! Cela peut-il donc être vrai ?

Vous le soutenez.

Examinons.

Nous allons au moins saisir le moment où cette pensée énorme va naître. Oh ! mieux encore. Ils sont accusés de préméditation, de guet-à-pens ! Nous allons voir le complot, le dessein prémédité, le concert formé à l'avance ; nous allons les suivre se cachant pour discuter cet affreux attentat. Nous allons surprendre les hésitations de l'un ou de l'autre, leur embarras, leur trouble. — Tuer lâchement, par derrière ! qui l'a voulu pour ce motif futile ? — qui était donc furieux ? — Ce n'est pas le jeune soldat qui n'osera pas aller droit à son adversaire et le frapper en face ? Ce n'est pas le vieillard débile et atteint d'une douleur de côté chronique qui va se hasarder dans cette lutte impie et pour lui dangereuse?— Qui faites-vous auteur ! — Qui faites-vous complice ? — L'acte d'accusation ne le dit pas ; le réquisitoire ne l'a pas dit davantage ; les questions qui vous seront posées, Messieurs, sont doubles pour tous les deux : pour chacun on vous demandera « soit comme auteur, soit comme complice. » Donc, qui a eu la pensée ? qui l'a acceptée avec ou sans résistance ? qui? — Qui de ces deux accusés? — Car enfin pour les défendre, il faut bien que je sache comment on les accuse ! — Et vous, Messieurs, vous, quelle sera votre réponse ?

Le réquisitoire, Messieurs, a été sur ce point d'une habileté considérable, mais permettez-moi d'ajouter d'un danger effrayant pour le juge. A Dieu ne plaise qu'en mes paroles on puisse rien voir qui touche à la loyauté parfaite de la conviction que je combats, mais il convient de signaler ces habiletés parfaitement honnêtes, qui ne sont dues qu'à l'entraînement de la conviction, et au légitime désir de faire passer la pensée dans l'esprit de ceux qui écoutent. M. le procureur général, groupant de certains propos, puis examinant le crime dans les détails de l'exécution vous a dit : « Voyez, comme le plan st formé ; comme le projet s'exécute ; je tiens la pensée fixe des criminels : Deneubourg partira seul avec Potier ; celui-ci livrera Deneubourg à Hoez, et ainsi Potier sera lié au cadavre de Deneubourg, et ainsi Hoez sera lié à Potier, la chaîne est formée. » Et raisonnant dans l'hypothèse de la culpabilité certaine, M. le procureur général explique tout le drame par l'exécution du projet supposé. — Qu'est-ce à dire? Que la preuve de la préméditation et du guet-à-pens est faite? J'entends bien que les faits expliquent la possibilité de la préméditation, mais ils n'en sont pas inséparables. S'il n'y avait qu'un meurtre dans la cause les faits desquels on fait sortir la préméditation ne seraient-ils pas les mêmes? — Ah! ce qu'il faut que vous démontriez, et en dehors de l'attentat lui-même, c'est le dessein formé avant l'action..... entendez bien ceci, avant l'action... d'attenter à la personne de l'individu déterminé. Sans cela vous ne me livrez qu'une hypothèse habilement défendue, mais qui peut n'être pas la vérité.

Est-ce à Cambrai? non.

Est-ce chez Gresillon? non.

Chez Lerouge, on ne s'est parlé que très tard.

Où donc?

On nous concède que jusqu'alors Potier a été un homme probe, qu'il a élevé honorablement sa famille, mais cet homme n'a pas transformé ainsi sa passion en un projet criminel sans un certain travail, sans une préoccupation spéciale. A-t-on recueilli un seul mot où se soit révélée la pensée du crime ? A Cambrai, il n'a rien dit. A Ramillies, il a dit grossier personnage, je le veux bien, mais il a bu, il a causé avec Deneubourg. Où sa passion s'est-elle transformée en une idée de crime ? J'ai le droit de le demander et ce n'est pas répondre que de dire : cette transformation peut s'opérer tout d'un coup.

Admettons un instant que la passion se soit transformée chez Potier en un projet arrêté de commettre le crime. Admettons que sous l'empire de la colère il ait jeté au vent tout ce qu'il avait de plus cher, tout un passé d'honneur, l'honneur de sa femme et de sa famille. Admettons qu'il les ait sacrifiés dans un moment d'humeur scélérate, admettons qu'il ait pensé que la justice ne l'atteindrait pas, qu'il ait dissimulé son trouble, son agitation, qu'il se soit décidé à commettre le crime, mais il lui faut des complices ; où donc placez-vous le complot ? Avec qui Potier l'a-t-il formé? Avec Prosper Hoez ? Jamais ils ne se sont trouvés seuls. Pour souder les accusés l'un à l'autre, je vous dis montrez-nous comment ils ont pu s'entendre. Nous arriverons tout à l'heure aux propos exagérés que l'on prête aux accusés. Pour le moment, messieurs, je vous fais remarquer que vous aurez à répondre à une question spéciale de préméditation.

L'accusation a encore autre chose à nous montrer. Le guet-à-pens, l'embuscade, où ont-ils été choisis ? Il a fallu pendant convenir de l'instrument, et pour l'embuscade du lieu où l'on se placerait. Où se le sont-ils dit, où s'est faite la convention sinistre ? Nous attendons que l'accusation nous dise.

Ce n'est pas avant 6 heures 1/2 que Potier et Charles Hoez ont pu se consulter, car Potier n'est arrivé que le soir à Ramillies. Les uns étaient au cabaret d'enhaut, les autres au cabaret d'en bas.

Il fallait que l'un allât chercher l'instrument du crime, que l'autre fit perdre son temps en route à la victime. Vous ne pouvez pas montrer où ce concert a pu être formé. Où l'accusation place-t-elle ces circonstances énormes au procès?

Ce doute ruine le système de l'accusation.

Vous êtes convaincu que les choses étaient arrêtées à l'avance, mais où se sont-ils vus, où ont-ils causé ensemble, seul à seul, où l'un a-t-il pu dire à l'autre j'irai chercher une arme, toi tu retiendras la victime. Il ne suffit pas de dire au jury j'ai la conviction, il faut lui dire encore sur quoi cette conviction est fondée.

Ainsi sur la préméditation, sur le guet-à-pens vous n'avez ni témoignage, ni aveu, et si l'on rapproche de cette absence de preuve, ce que j'ai dit du motif que vous avez donné, voyez, messieurs, où l'on arrive ?

Potier est resté tout son temps avec Deneubourg et l'on prétend qu'il a pu trouver le moment propice pour former le complot !

Telles sont les objections que nous faisons à l'accusation. L'accusation, elle, a à faire la preuve du fait qu'elle avance, pour nous, messieurs, notre rôle n'est pas le même, il est plus simple, nous sommes placés entre l'accusation et l'accusé non pas pour démontrer l'innocence, mais pour contrôler les preuves offertes pour la condamnation.

Il nous suffit de dire : Ces preuves ne forment pas la conviction. L'innocence, messieurs, ne se démontre pas ; quand la fatalité la veut perdre, quand les preuves ou les soupçons l'entourent, elle courbe la tête et s'incline, n'espérant qu'en l'insuffisance de la force qui l'attaque. Nos formules sont telles, hélas ! qu'elles ne réhabilitent pas ! La Cour d'assises, même avec votre plus grande indulgence, n'a jamais sauvé ou protégé personne, et j'en sais d'honnêtes et purs qui pleurent et traînent péniblement dans la vie le poids lourd d'un acquittement légitime !

Mais si le complot a été tramé chez Lerouge comme vous le dites, en cette minute mystérieuse du bonsoir au seuil de la maison, c'est effrayant ! Tous donc étaient disposés à l'assassinat. — Quoi ? tous ! mais deux mots à peine ont été échangés entre Potier et Hoez. Et encore quels mots ! mais c'est l'oncle ; c'est le neveu ; c'est le neveu! c'est le filleul ; c'est le parrain ! et cela vous paraît simple, naturel, facile ! Si bien, que je me demande comment en si peu d'instants tant de mal peut se faire, quand de perpétuels et constants efforts sont nuls pour le vrai, pour le bien, pour le juste ! fatale épreuve que nôtre vie si toujours nos désespérances sont justifiées ! Et ce sont les liens du sang ou de l'alliance qui servent d'excuse ou de motif à la trop prompte intelligence du crime !

Mais est-ce tout l'extraordinaire de ce procès?

Messieurs, il est des témoins que rien ne séduit ni ne corrompt. Ils sont à l'abri des suggestions de l'intérêt, de l'influence des passions, de ces mille aiguillons divers qui provoquent la faillibilité humaine. Ce sont les faits matériels, les choses de la nature. Quelque pénibles que soient les réflexions à faire ; avez-vous songé à l'état du cadavre relevé ? Rien de plus épouvantable ne frappa jamais le regard attristé ; mais qu'elles étaient les blessures, leur siége, leurs caractères ? Ah ! vous dites cet homme a été lâchement frappé par derrière, d'un coup de cette poutrelle il a été abattu, puis frappé encore et réduit à l'affreux état que rapportent les médecins.—Je ne crois pas à cette version... Pourquoi le cadavre en cette occurence portait-il des contusions aux jarrêts ? Comment les expliquer ? Si au contraire Deneubourg qui était de haute taille a été assailli par plusieurs, quoi de plus simple qu'avec cette poutre on l'ait frappé aux jambes et par derrière, et que l'abattant ainsi d'abord ses assassins se soient ensuite précipités sur son corps pour achever de lui ôter la vie. Voyons le tronc d'abord. De l'aisne à la poitrine, au col pour parler plus exactement, on constate cinq blessures parallèles, elles procèdent par lignes symétriques et leurs empreintes, la configuration des ecchymoses ne permet pas le doute ; c'est le petit côté de la poutre, dans le sens de l'épaisseur qui rend compte de ces blessures ! et ces blessures ont été faites sur Deneubourg vivant, car vous savez qu'il n'est pas d'erreur possible sur ce point, la circulation du sang est supprimée par la mort ; la vie éteinte, les ecchymoses d'un cadavre, les blessures qu'on lui inflère se reconnaissent à un aspect spécial.

Pourquoi ces blessures du tronc si cet homme a été assommé, abattu du premier coup ? —Pourquoi ? — comment surtout pendant la vie ?

Mais les blessures de la tête ! — Cet affreux mélange des os broyés, réduits en poudre, dans des chairs meurtries et écrasées, sorte d'épouvantable bouillie humaine.... c'est cette poutrelle qui a été l'instrument de ces désordres effrayants ? Mais examinez cette pièce de conviction. Elle porte sans doute un éclat d'os fracturé, une esquille, mais en avez-vous remarqué la grosseur et avez-vous suivi les linéaments du bois mal poli en cet endroit et pouvant recueillir cette esquille sans que pour cela il faille conclure à un coup fortement asséné ? Eh quoi !.. point une tache de sang sur cette poutrelle ! et le sang a jailli, et le sang a coulé de façon à laisser sur le pavé une mare que la pluie abondante, l'orage effrayant de cette nuit funèbre n'avaient pas lavé le lendemain au matin !—Je vous dis que ce n'est pas cette poutre qui a fait les horribles blessures de la tête... « Cette tête était broyée, dit le docteur Brunel), comme si la roue d'un charriot chargé et attelé de six chevaux avait passé sur elle. » Quelles sont les dimensions de cette poutre ? 1 mètre 70 centimètres de longueur sur 0 m. 10 cent. d'épaisseur et 0 m. 5 cent. de largeur ! Il y avait d'autres armes ; il y avait plus de deux assaillants ; le système que l'accusation défend n'est pas la vérité. Nous n'avons pas percé les ténèbres de cette nuit épaisse : non ce n'est pas Potier, ce n'est pas Hoez qui sont les assassins de Deneubourg ou ses meurtriers ! — Voilà des témoins muets mais certains ; voilà des réponses trouvées dans la logique des faits matériels, dans des lois de la nature !

Vous n'avez pas la vérité tout entière ; de quel droit prétendriez-vous en avoir un fragment ?

D'autres ont été arrêtés.

Un parent d'Hoeza été mis hors de cause par la chambre des mises en accusation, le ministère public a donc cru comme nous à la nécessité d'un plus grand nombre d'assaillants. Et ne venez pas dire, ces doutes ne peuvent rien contre nos affirmations ; ces doutes peuvent tout, car nous ne sommes entre l'accusé et son accusateur que pour arrêter la preuve incomplète et la dénoncer au jury, lui signaler la défectuosité de l'argumentation, nous n'avons rien à rechercher, rien à savoir ; nous n'avons point à démontrer, ou à convaincre, comment le ferions-nous ? Ce n'est pas nous qui avons l'instruction dans la main, c'est l'accusation seule ; il faut qu'elle montre atteint, manifestement atteint, le but qu'elle poursuit.

Ainsi, en jetant un coup d'œil en arrière, il me semble que nous avons singulièrement brisé d'anneaux dans cette chaîne qui enlaçait les accusés.

Le motif du crime, le mauvais gré a disparu. Le mauvais gré n'existe pas à Ewars ; dans tous les cas le motif disparaissait par la bonne volonté de Deneubourg à rendre la terre.

Ce n'est point assez. Ce motif n'existe pas pour Hoez. Il n'avait qu'un intérêt éloigné, et l'accusation lui prête le mobile de la jalousie.

Deux motifs différents pour une solidarité désormais rompue.

De qui, du jaloux ou du fermier dépossédé est venue la pensée criminelle ? — Nul ne peut le dire.

Quel est l'auteur ? — Quel est le complice ?

L'hypothèse de l'accusation rend-t-elle un compte suffisant de l'état du cadavre ?

Non. Les blessures demandent plus d'assaillants ; il faudrait d'autres armes.

Sur tous ces points, la vérité nous échappe.

Voyons les propos qui ont révélé les sinistres desseins.

Les rappeler est inutile... Vous les avez tous présents à la pensée. » Il ne s'attend pas à ce qui va lui arriver..., etc. » Propos assurément menaçants, paroles indiscrètes et vives, expressions de colère et de mépris ! Mais, Messieurs. faut-il juger de la pensée qui anime l'indiscret par les événements qui se produisent ensuite, ou ne faut-il pas mesurer la pensée à l'instant même où le propos est entendu ? Quel danger qu'une accusation sur des paroles ! Qui de vous ne connaît les réflexions si sages sur ce point de l'immortel auteur de l'*Esprit des Lois* ? — Qui ne sait à combien d'interprétations diverses peuvent être soumis les discours ? Que d'expressions rendent mal la pensée, la dépassent ou l'exagèrent ! La plupart du temps les paroles ne signifient pas par elles-mêmes, mais par le ton dont on les dit. Combien de fois ceux qui les rapportent en altèrent-ils involontairement le sens ou le caractère ! La liaison du discours avec d'autres choses voisines, le ton dont il est prononcé, la parole qui l'a provoqué, le lieu où il a été tenu, tout contribue à rendre équivoques les conséquences à tirer des propos. En changeant de son, ils chanent de sens. Que sera-ce s'il s'agit de propos d'hommes en colère, excités par l'ivresse du vin ou de la passion? de propos de cabaret ou de jeu! Ainsi parmi les propos relevés annonçant l'assassinat se trouve celui-ci : « Il va en recevoir une *dont il se souviendra* ! » Est-ce sérieux quoique si grave?

La chambres des mises en accusation a fait justice de ces accusations dangereuses. Qu'avait dit Prosper Hoez ? Celui qui a été mis hors de cause. Il avait tenu le propos le plus grave de tous ceux qui ont été recueilli : « Surtout il ne faut pas le manquer.» — Il est hors de cause. Pourquoi ? — C'est que ces jactances de la colère, ces apostrophes irréfléchies peuvent s'appliquer à tout acte violent, à tout attentat contre la personne, depuis le simple coup jusqu'à l'assassinat ; mais c'est qu'ils peuvent mieux encore n'être que de simples menaces qui ne seront pas suivi d'exécution. Ce n'est pas celui qui crie davantage qui frappe le plus ; et permettez-moi d'emprunter au réquisitoire une réflexion pleine de justesse, on nous a dit : « Il serait contraire à la nature humaine que l'assassin appelât ou attendit des témoins pour commettre son crime.» Est-il donc naturel que partout il l'annonce, devant sa victime, devant ses amis, au cabaret, dans la rue, à tout moment ? Et la preuve que nul n'a attaché aux propos leur force qu'après coup, ou leur crime, c'est que nul n'a été en défiance. Personne ne les a relevés ou contredits, personne n'a cru qu'il y fallut ajouter d'importance. La colère ou plutôt l'irritation s'exhalait en paroles et personne n'y prenait garde. Ces propos ne prouvent rien.

Tout le monde n'eût-il pas protégé Deneubourg en l'accompagnant?

Si quelqu'un avait cru à une attaque pouvait-il donc abandonner Deneubourg sans être un lâche ?

N'insistons pas.

Je veux de suite vous prouver que Potier a tenu des propos sans portée.

Il n'était pas, il n'a pas pu être à l'assassinat de Deneubourg.

Si nous ne savons rien du lieu choisi pour l'embuscade ou le guet-apens, sur une route d'ailleurs sans fossés assez profonds, ni crêtes assez hautes pour qu'on put s'y cacher, nous savons du moins ou a été trouvé le cadavre et il ne paraît pas qu'il ait été déplacé. Le cadavre a été trouvé par les gardes le 24 septembre, à dix heures et demie du soir, sur la route de Paillencourt, à 300 mètres des dernières maisons de Ramillies.

Or Potier sortait du cabaret de *la Montagne* à l'heure de la retraite, à dix heures.

Il convient de constater le temps écoulé, les distances à parcourir.

Que Potier ait ou non fait une fable, je ne le recherche pas maintenant ; il raconte qu'il a été attaqué et a eû fuir la nuit à travers champs.

Qu'il se soit trompé sur la position du champ, sur l'endroit où il a été attaqué, que Deneubourg le précédât ou qu'il le suivit, peu importe. A la hauteur du champ de betteraves où il a été attaqué par 4 ou 5 assaillants, était-il avec De-

néubourg ? Qu'il ait été battu ou non, qu'il ait passé par les betteraves de Dupont ou non, Il est incontestable qu'il a dû traverser les champs entre les deux chemins pour aller chez M. le maire. Avait-il l'air effrayé ? est-ce que son émotion n'était pas tellement vive que M. Vasseur l'a envoyé chez le garde ? est-ce que celui-ci n'a pas fait lever son fils ?

On peut dire que les trajets parcourus sont certains , que les heures aussi sont certaines.

Deneubourg et Potier devaient sortir de chez Lerouge et remonter le chemin d'Ewars à dix heures moins 5 minutes. — De chez Lerouge chez Gresillon il y a 103 mètres. Cette distance, M. le procureur-général l'a supprimée involontairement, c'est évident, dans son calcul.

M. LE PROCUREUR GÉNÉRAL. — En tout, quel est la distance parcourue ?

Me E. FLAMANT. — 1086 mètres.

M. LE PROCUREUR-GÉNÉRAL. — Nous sommes d'accord sur la distance totale.

Me E. FLAMANT. — Eh bien, il est impossible que Potier ait eu, en un quart d'heure, le temps de parcourir cette distance. de commettre l'assassinat, de faire lever M. le maire, de causer avec lui, de demeurer chez le garde champêtre, le temps qu'on y a dépensé, — c'est matériellement impossible.

M. LE PRÉSIDENT. — Le témoin a dit 25 minutes à l'audience.

Me E. FLAMANT. — Il avait d'abord dit dans l'instruction 15 minutes.

M. LE PRÉSIDENT. — Il a dit ensuite 20 minutes, et à l'audience il a dit 25 minutes.

Me E. FLAMANT. — Voici le passage, l'avocat lit et continue : En présence de ces contradictions, je constate l'influence considérable et malheureuse de l'opinion publique ; chacun dit, chacun veut se donner le rôle d'un homme important, d'un témoin utile à la justice, chacun raconte et l'on modifie sa première déclaration ; — en présence de ces dépositions qui varient, qui exposent l'accusation à des erreurs irréparables, la défense à des impuissances douloureuses, oui les accusés ont droit aux interprétations qui leur sont le plus favorables, et puisque le lendemain du crime, le témoin dont les souvenirs étaient bien plus présents qu'aujourd'hui, après cinq mois, a dit un quart d'heure... je le répète, Potier, — c'est matériellement impossible, — n'a pas été jusqu'à l'endroit ou le cadavre a été retrouvé. Le temps écoulé ne peut suffire au trajet.

M. le procureur-général avec son habileté considérable, qui grandit les difficultés de notre tâche, s'écriait, en posant un dilemme invincible suivant lui : « je vois tout, vous étiez avec Deneubourg, je vous ai vu le dernier avec lui, je vous attache impitoyablement à son cadavre, et vous serez ou un témoin ou un coupable, » et poursuivant son dilemme, il ajoutait : « témoin vous direz la vérité, coupable, fatalement, vous mentirez. »

Est-il vrai que parceque Potier est resté là et a été vu le dernier avec Deneubourg, est-il vrai qu'il soit responsable de sa mort? — Poser cette question n'est pas du tout la résoudre ; et le dilemme est loin d'être inattaquable.

Supposez un moment que Potier ait dit la vérité, en quoi les faits seront-ils modifiés ? — Deux hommes cheminent ensemble : des assaillants les surprennent ; l'un se sauve lâchement au lieu de porter secours à son compagnon. En quoi doit-il compte de la vie de son semblable, si ce n'est parce qu'il a méconnu ce grand principe de la solidarité humaine, qui nous commande de nous aider les uns les autres ? — Il n'est pas un assassin, le dilemme n'est point inattaquable. — Seulement, il faut vérifier le récit.

L'accusation sur ce point n'a rien épargné au malheureux accusé ; l'ironie elle-même, l'ironie poignante a décoché ses traits acérés contre le récit ; et l'on a ri de cette fable, d'une légion d'assaillants fantastiques, dont les coups de bâton et de poings, n'étaient que les douleurs rhumatismales de l'accusé trompé par une douleur mal appréciée !

Voyons cela.

A-t-il conté son récit de suite ? — Oui. — L'a-t-il exagéré ? Sur le nombre des assaillants ? — partout, — à l'audience, — aux témoins il a dit quatre ou cinq ; il a parlé ainsi dans tous les interrogatoires ? — aujourd'hui tout le monde trouve la fable ridicule.

Qu'à donc fait M. le maire de Ramillies ? — Sur ce prétendu récit ridicule, il s'est levé, il a quitté sa chambre ; il a consolé le narrateur, il a condescendu à son désir en prêtant l'oreille au bruit qu'indiquait l'accusé, près de la maison de Marie-Claire Boulogne. — Il n'entend rien, mais il arme l'accusé d'un bâton et l'envoie chez le garde Sourmait. M. le maire rentre chez lui et ferme sa porte. — Eut-on fait autrement si le récit eut été vrai ?

Quel comédien puissant que cet homme ! il vient de tuer un autre homme ! Sa victime était son ami : le cadavre n'est peut-être pas froid encore. — Il n'importe. — Peut-être est-il taché de sang ? — Sa présence d'esprit est parfaite ; il joue la peur, il feint d'écouter des bruits imaginaires dans le silence de la nuit, et il fait presque peur à celui qui l'écoute.

Mais il va marcher d'un pas ferme ; il passe devant les maisons éclairées de Charles et Antoine Lerouge et il crie : « Avancez, misérables ! tas de lâches ! fussiez-vous six ou dix, je ne vous crains pas ! allez. » Et il ne crie pas au secours, et il n'entre pas chez Lerouge.

C'est vrai, il fait cela.

Pourquoi ne pas vouloir vous rendre compte sans prévention et juger humainement les choses humaines ? Ne venez-vous pas de le voir tremblant et écoutant les murmures des assaillants qu'il croyait chez Marie-Claire Boulogne ? Ne vous a-t-il pas dit qu'il avait cru les revoir derrière la maison d'école ou dans les sentiers qui, sur la place, mènent à l'Église. Il parle, il crie pour se donner du cœur, comme le poltron chante la nuit en passant près du cimetière, comme l'enfant peureux se parle à lui-même, quand il est inquiet d'être demeuré seul. Et Potier ne voit pas les secours les plus proches et il court chez le garde de la commune. Oui. — Mais il sait que c'est là qu'est la force publique, la force payée, celle qui ne se dérobera pas, et il court au plus sûr ! Pourquoi cette peur serait-elle jouée ?

Au théâtre nous applaudissons ces choses que nous trouvons naturelles. Qui n'a trouvé plein de vérité le *Sosie* de notre immortel auteur comique et tout simples ses perpétuels : « Qui va là ? heu ! ma peur à chaque pas s'accroît. » Qui réglera ces effets de la peur ? Qui dira les impressions qu'elle peut causer ? Pourquoi cette action et point celle-là ? Est-il rien de plus incertain ? — Mais il a tout exagéré, — et n'est-ce pas le propre de la frayeur que l'exagération même ? — Mais le lendemain il n'a pu retrouver les champs, les traces de pas ? — Quoi vous pensez être juste en exigeant du poltron la fidélité et la sûreté de la mémoire ?

Larochefoucauld ne nous a-t-il pas dit : « Il n'y a guères de poltrons qui connaissent toujours toute leur peur ? »

Le garde a été plus vrai et s'est montré moins sévère. Il vous a dit : « J'ai cru qu'il avait eu une terreur, et c'est pour cela que je l'ai accompagné jusqu'à Ewars. » Et, en effet, cet homme était bouleversé et avait eu peur. On n'a pas trouvé de traces de coups sur son corps. — Je sais bien que le garde a fait une vérification, sa femme tenait la chandelle — et ces deux époux n'ont rien vu, — Mais est-ce là une visite sérieuse ? — Le médecin n'a rien vu le lendemain, sans doute mais les coups portaient sur un homme vêtu ; et Potier en a exagéré le nombre et la force. Pouvait-il avouer qu'il avait eu trop facilement peur ? — Certainement non. — Que trop facilement il avait abandonné Deneubourg ? — En France, ni la lâcheté, ni la peur ne sont facilement écoutées. Notre pays n'a point de pitié pour ces faiblesses. Où Potier eût-il trouvé écho ?

Mais la vérité est qu'il n'a même point abandonné Deneubourg. Celui-ci a été abattu bien plus avant sur le chemin. Même en faisant Potier se sauver par le champ de betteraves de Dupont, il a eu à peine le temps nécessaire pour fuir et faire les 1086 mètres qu'il fallait qu'il parcourut.

Le garde Sourmait a cru à la terreur de Potier. Il a cru Potier de bonne foi. Il a fait lever son fils, âgé de dix-huit ans ; il l'a armé ; il s'est armé lui-même de son sabre, et assurément ces choses prouvent que l'impression franche du moment a été celle que commandait le récit trouvé depuis ridicule et mensonger.

Potier n'était pas à l'assassinat.

Hoez y était-il davantage ? Sa mère, interrogée le lendemain même, sans savoir quel pouvait être l'intérêt de sa réponse, vous a fait connaître qu'à neuf heures et demie, Charles Hoez était couché dans son lit.

Et le lendemain nul n'avait changé de vêtements. Chacun était à son travail. Aucune émotion n'avait été remarquée dans les familles,

Et Potier était arrêté le 25 ;
Charles Hoez, le 29 ;
Prosper Hoez, le 30.

Aucun de ces complices ne s'était vu dans ces derniers jours de liberté, ou n'avait cherché même à voir son co-accusé. On les arrêtait au milieu du calme de la famille, et ils se rendaient sans crainte, non sans émotion, mais sans crainte, aux exigences de la loi !

Mais le 25 au matin, nous dit l'accusation, Potier a pleuré il a parlé à son fils de l'événement de la nuit et il s'est défendu devant cet enfant qui ne l'accusait pas. Il a pleuré son crime ; la passion calmée ; il regrettait un terrible et sauvage moment d'oubli. » Oh ! Messieurs ! Comme se sentent ici encore les souplesses merveilleuses du talent ! Oui, vous retenez ces larmes de torture et d'angoisses et vous y voyez une première expiation ! Oubliez vous donc, que l'accusé est allé chez Lelong et qu'au récit que Potier a fait à Lelong, celui-ci répondu : « Mais tu pourrais bien être compromis » et alors le père de famille, va voir son fils aux champs, et lui ouvre son cœur, puis il pleure, quoi de plus naturel, oh ! ne me dites pas qu'il peut pleurer son crime avec son enfant : l'innocence fait peur aux scélérats, le fils ferait peur au père. Il pleure les joies de famille perdues, sa sécurité compromise, sa réputation et son honneur jetés aux vents, sa famille exposée à toutes les haines, à tous les mépris de l'opinion. Il pleure sur ce fils même auquel il léguera son nom, quelque soit l'issue des accusations portées contre lui, un nom souillé et flétri ! Car c'est une tradition pieuse de notre pays pour les fils, de rendre à leurs enfants le nom pur de leurs pères, et le malheureux Potier sentait, tout petit qu'il soit en ce monde, qu'il avait dépouillé son fils de ce noble et saint héritage: la pureté du nom ! Ah ! Messieurs, la considération et l'honneur ne se rendent pas par des acquittements de cour d'assises ! Et celui-là est bien près de voir toutes les mains se fermer devant la sienne, qui n'a pour preuve de son innocence et de sa loyauté qu'un verdict rendu par vous ! — Il est dur, Messieurs, de devoir même être acquitté ! L'humanité n'a pas assez le rayon du ciel au front pour voir un honnête homme dans ceux qui sortent d'ici. Et Potier, qui n'est plus jeune, qui sait réfléchir, pleurait sur ces choses devant son fils, comme il pleurait devant nous dans sa prison.

Non, messieurs, vous n'avez pas sur ces bancs les auteurs du crime. Non ! Hoez ne pouvait être à ce meurtre ! A neuf heures et demie il était au lit ; non, Potier n'y pouvait assister davantage ! Son âge, sa débilité physique, les trajets qu'il eut dû parcourir, tout s'oppose à ce qu'il soit convaincu ! Non, l'instrument du crime n'est pas celui que vous avez sous les yeux ! Il a fallu des armes plus terribles, maniées par des bras plus nombreux et plus puissants ! il y a là des impossibilités physiques, des invraisemblances matérielles qui commandent à la justice de s'arrêter, d'hésiter, de trembler même. Et le crime est sans motif qui s'explique ou le rende vraisemblable ! Sans motif odieux sans doute, mais possible !

Non ! la preuve n'est pas faite entre les accusés !

Non ! ces présomptions, ces indices ne peuvent faire la conviction sans laquelle vous ne pouvez prononcer un verdict de culpabilité !

Le doute est partout ; le doute nous entoure. Les accusés ne sont pas convaincus.

Une histoire invraisemblable, une fable, qui peut n'être qu'un mensonge, mais qui aussi peut être vraie ! Que dans tous les cas il n'était pas nécessaire de raconter ! Point de

témoignages opposés ! point de contradictions dans les interrogatoires ! point d'aveux des accusés.

Qu'avez-vous donc contre eux ? Rien... des conjectures !

Mais alors je vous entends me dire : « L'homme n'est donc qu'un jouet et la justice un hazard. Ne faisons pas cette injure à la justice ; elle peut la vérité puisqu'elle doit la protection. Dieu ne lui a pas donné d'aveugles bandeaux, et lui a donné l'intelligence ; il lui a donné la raison. » Messieurs, les desseins de la Providence sont impénétrables et cachés, mais je ne puis accepter cet enthousiasme de notre raison. Oh ! que c'est bien là le danger qu'il faut craindre ; la séduction du travail accompli ; l'entraînement de la conviction formée ; l'orgueil légitime de la recherche patiente ! Oh ! je vois bien que vous êtes convaincu, mais si vous vous êtes trompé, si le devoir social vous avait égaré, comme le désir de défendre peut nous égarer à notre tour ! Quel malheur pour tous ! et cependant tout ensemble quelle loyauté ! Quel désir de bien faire et pourtant quelle faute ! Oh ! comme vous j'aime cette justice humaine, sainte et grande mission, dont vous parlez à bon droit en termes si éclatants ! Je l'aime ; je la respecte, je la vénère ; j'embrasse ses autels. Au-dessus des intérêts mesquins de chaque jour, loin des passions et des préjugés qui altèrent et corrompent tout, je la vois la protectrice la plus sûre des personnes, des propriétés, de la foi jurée ; mais je la vois servie par des hommes, et rendant hommage aux vertus dont ils doivent faire preuve, aux talents, qui sont réclamés d'eux, je m'inquiète cependant et m'effraye. Je vois de la justice les côtés humains et je rencontre une faillibilité qu'il faut redouter. Dieu n'a pas voulu que nous puissions tout savoir et ainsi il nous a enseigné d'être prudents et bons. Il a voulu qu'ayant présent toujours à la pensée le grain de sable qu'il peut placer sous le char du triomphateur, nous ne nous énorgueillissions pas dans notre faiblesse, nous ne nous enivrions pas dans notre impuissance et que partout respectant sa volonté sainte, nous nous arrêtions réfléchis et humbles devant les mystères dont lui seul a le secret. C'est œuvre de justice encore que constater son impuissance, que savoir en gémir ; oser la constater vis-à-vis soi-même, quoiqu'il en coûte ; c'est justice divine et presque inspirée !

Mais ainsi dites-vous la société est désarmée ! — Non elle peut se défendre. Elle se défend. — Sans évoquer de souvenirs qui puissent ou doivent troubler l'imagination, que n'eut-on pas dit à un défenseur, il y a deux ans, si croyant cet argument utile à sa cause il avait imaginé que dans un wagon parfaitement fermé de chemin de fer, au cours de la marche rapide d'un train, d'ailleurs gardé et conduit par ses employés, un assassin avait pu pénétrer, choisir sa victime, commettre un crime, fuir, tout cela sans que dans le train même ni personne des voyageurs, ni personne des employés en eut rien ? (1). Eussiez-vous accepté cette hypothèse ? Que n'eussiez-vous pas dit de l'activité de notre police, du zèle de notre magistrature, et à bon droit de leur dévouement ? —

____

(1) Assassinat Poinsot.

Cependant à cette heure encore, il faut reconnaître que ce mystère n'a point été pénétré; que la justice est restée sans force et sans puissance ; et que les honnêtes gens peuvent trembler encore sur ce crime sans réparation. Pourquoi?

Si je vous disais que j'ai d'autres préoccupations encore pour la manifestation de la vérité dans cette cause, que je ne me défends pas de considérer comme une difficulté de plus pour les accusés, la présence même de M. le procureur général à cette barre ; que j'ai peur en songeant qu'il faut encore, dans une affaire où la prévention a eu tant d'échos, que je lutte contre un immense talent, contre l'éclat fâcheux d'une fonction supérieure. Entre les modestes avocats que vous avez à entendre et l'éloquent magistrat qui dirige le parquet de cette cour, nous sentons et nous avouons volontiers que la comparaison n'est pas à notre avantage. Les sympathies, les convictions vont naturellement à lui ; nous en sommes heureux pour le magistrat, mais nous songeons aux périls des malheureuses victimes que nous défendons... Et nous avons peur.

Ah ! Messieurs, pourquoi ne dirai-je pas toute ma pensée. Ce n'est pas d'ailleurs en luttant contre mon honorable contradicteur que je puis éprouver le moindre embarras. Ne connaît-il pas mieux que personne les erreurs de la justice et leur danger ? N'a-t-il pas convenu à la loyauté de son catère et à la dignité de sa fonction de saisir récemment l'occasion de solliciter des arrêts qui, constatant ces erreurs même, ont montré que la justice était assez grande pour pouvoir avouer et réparer ses fautes sans que le respect qu'on lui doit en souffrit ? (1) Ici même, à cette place, une femme accusée de complicité de parricide, entraînée par je ne sais quelle fatalité de procédures, liée par je ne sais quels interrogatoires mal compris, fatiguée de lutte et de santé, embarrassée par des faits matériels avait fini par avouer un crime qui n'était pas le sien. Un crime épouvantable, le plus grand de tous ! le parricide ! — Et la justice plus tard a découvert, sur leurs aveux mêmes, les coupables, et la justice a dû ce jour, jeter un voile de deuil sur ses précédents arrêts. L'erreur a été reconnue. Est-ce assez instructif?

N'avez-vous pas à méditer ces choses dans un procès où vous n'avez rien comme preuves si vous supprimez l'invraisemblance du récit que l'accusé pouvait ne pas faire, récit qui peut être vrai ; et les propos équivoques qui ont été interprétés.

Si les auteurs réels de l'attentat étaient demeurés inconnus, en quoi la cause présenterait-elle un aspect différent? Qui a vu Hoez dans la comédie de la peur ? il est demeuré complice indifférent et n'a point participé à cette folie. A neuf heures et demie il était au lit. Pourquoi n'eût-il pas fait comme Potier ? Pourquoi n'est il pas un compars ?

Mais dites-moi, quelle nécessité d'aller se montrer... peut-être tâché de sang!.. au maire, au garde ! Quel nécessité même de faire cette histoire ? Potier rentrait chez lui, se mettait au lit, — qu'eussiez-vous trouvé pour l'accuser ?

____

(1) Affaire Doise.

Point de preuves matérielles !

Point de témoignages directes !

Point d'aveux !

Point d'antécédents qui puissent expliquer une mauvaise action !

Vous avez l'invraisemblance d'un récit inutile et dangereux.

Des propos !

Sont-ce là des preuves?

Vous ne savez rien du rôle des assaillants; quel est l'auteur ?—quel est le complice ? — quel est le lieu de l'embuscade ?— où a été formé le complot ?—quelles sont les armes employées?

Et voilà pourtant le procès tout entier ! !

Pourquoi, me dira-t-on des inconnus ? — Est-ce à nous de rechercher, de pénétrer ces mystères ? — Il faut que l'accusation fournisse une preuve complète? Pourquoi l'hypothèse d'assassins inconnus serait-elle impossible ? prenez donc garde que si l'accusation explique la plupart des faits dans son système qui n'est lui-même qu'une hypothèse. Cette explication ne fait pas une preuve. Et la vérité serait autre que ce que l'accusation prétend, que le réquisitoire demeurerait debout. — Nous n'avons nulle preuve directe. — Les conjectures demeurent.

Deneubourg était-il donc sans ennemis ?

Sa vie s'était elle donc écoulée honnête et probe, n'amenant par ses actes que l'affection ou l'indifférence ? n'a-t-il jamais blessé une affection. alarmé une pudeur, désolé une famille ? vous n'avez pas oublié le portrait que vous a tracé M le Procureur-général. « c'était un homme de mœurs faciles vantard de sa force, au demeurant bon camarade. » Et vous avez entendu aussi : « Deneubourg n'aurait été qu'un scélérat que nous devrions le plaindre et le venger encore. Ah ! je n'ai pas besoin d'appeler ici sa famille en deuil, d'interroger ses amis, d'invoquer son passé. Il était homme entendez-vous et ce mot là suffit. » — Sans doute, mais nous cherchons la vérité : examinons tout.

Il était de mœurs dissolues, n'est-ce donc rien pour provoquer une vengeance ? — Ah ! votre conviction s'est formée que ces hommes sans antécédents de violences, bon aussi, ont tué un autre homme sans motif, pour la plus futile de tout s les raisons, et vous serez étonné que quelque père outragé, quelque frère d'une sœur séduite, quelque mari déshonoré eussent armé leur bras ou formé un complot homicide ? Comment ils n'auraient pu dans les mystères impénétrables de leur conscience nourrir loin des yeux de tous, entre eux seuls et Dieu, de sinistres projets ?—La jalousie, la haine la vengeance, vous les repoussez, et vous voyez un crime possible pour la reprise d'un misérable terrain, offert à la restitution, à l'instant même de l'attentat! Ah ! si cette hypothèse était vraie ne pourrions nous reprendre cette pensée, qui vous faisait dire tout à l'heure : « La règle de l'assassinat c'est que le drame ne se passe qu'entre l'assassin et la victime : la règle encore c'est que l'assassin qui ne peut être vendu par les morts garde jusqu'au bout son terrible secret. Même, quand il

onfesse à Dieu, il le cache encore aux hommes et nous devons respecter cette liberté là ! » Ce père, ce frère, ce mari
s'ils étaient les auteurs du crime devraient-ils se dénoncer
ci ? — Si pourtant c'était là la vérité ! — Daignez recueillir
cette éternelle objection, le réquisitoire demeurerait tout en-
ier et nous serions à coté du vrai ; l'erreur nous entourerait :
l'erreur irréparable !

A Dieu ne plaise, qu'au deuil si légitime qu'inspire cette
tombe si cruellement ouverte, j'ajoute les tristesses d'amères
et douloureuses critiques ! Mais je vous dois la vérité toute
entière ; il faut savoir toujours accomplir son devoir quelqu'il
soit. Deneubourg était marié ; il avait une compagne fidèle
qui vivait sous sa garde et sous sa protection ; il était chef de
famille ; il avait des fils qui porteront son nom et auxquels il
devait l'exemple et la protection encore ; — à cette famille,
il devait l'honneur du chef, la considération de l'époux, la di-
nité du père ; il devait à cet entourage d'amour et d'orgueil
es joies pures et saintes du foyer domestique... Cepen-
ant Deneubourg vivait en adultère public avec une malheu-
euse fille, dont il ne saurait être convenable de jeter une
ois de plus le nom dans ce débat !...

Ah ! je comprends que vous n'évoquiez pas ici sa famille
n deuil, le cortége de ses amis en pleurs !

Sa famille, ses amis ! — Oh ! je ne veux rien dire qui puisse
lesser ceux qui sont malheureux ici bas, sans avoir rien fait
our mériter de l'être. Il est de ces infortunes que rien
explique. Mais laissez-moi penser et dire que pour ceux qui
gissent ainsi, mal et méchamment, pour ceux qui violent
udacieusement les principes consacrés par la conscience de
ous, pour ceux qui vont outrageusement au milieu de la vie,
édaignant tout ce qui est vrai, juste et bon, insultant à la
iblesse et à la foi jurée, oubliant ce qui est l'orgueil et
honneur de l'homme de travail ; de l'honnête homme ici
as : la mission et la destinée de son âme ; ah ! laissez-moi
ous dire que Dieu n'attend pas toujours l'heure de sa jus-
ce inévitable ; que Dieu, qui compte leurs heures dans les
ecrets de sa sagesse éternelle, peut envoyer à ceux qui mé-
onnaissent ses lois immuables des catastrophes imprévues et
erribles, qu'il ne nous appartient pas de juger !

Oh ! ne négligeons rien ici, tout m'y paraît solennel et
rave. Quel mot a accueilli cette épouvantable mort ? De
uelles lèvres ce mot est-il tombé ? Est-ce l'épouse, est-ce le
ls qui a prononcé ces paroles que je veux recueillir ? Je ne
e puis préciser ; le garde Soumait ne le peut dire davantage ;
ais le propos est certain, Il l'a recueilli exactement, il en a
té frappé : « Telle vie, telle fin ! » a dit la mère ou le fils !
Quelle oraison funèbre, Messieurs ! Quel enseignement pour
otre justice !

Voilà les larmes, les douleurs de la famille ! voilà les
leurs de ceux qui demain, vêtus de deuil devront, au pied
le l'autel demander à Dieu grâce et merci pour leur époux.
our leur père si brutalement arraché à la vie, si cruellement
ué, que suivant la belle expression du réquisitoire « la ven-
eance ne lui a pas même ménagé cette minute de l'heure
ernière qui permet au plus humble des mourants un retour

et une larme sur les fautes de la vie ! » — » Telle vie ; telle
fin ! »

Vous n'avez trouvé que ces paroles, vous qu'aujourd'hui
la justice protège ! La femme ? à peine s'est-elle inquiété des
circonstances de la mort de son époux. On ne l'a vu nulle
part. Le fils ? il a accompagné les gardes, après leur avoir
offert un petit verre d'eau-de-vie, et il est allé au cadavre méconnaissable, au cadavre de son père !... Il a pris dans la poche du gilet la quittance des cinquante-deux francs cinquante
centimes, un peu d'argent et le porte-monnaie. Le corps a
été laissé sur le bord de la route. Ça été tout. « Telle vie ;
telle fin ! »

Ai-je donc tort de supposer ma terrible hypothèse. Est-ce
que s'il y avait quelque part un projet de vengeance qui cou-
vât, une haine qui voulait être assouvie, une mort qui était
attendue ou désirée ; tout ne semblait pas provoquer au crime ?
La nature ne semblait-elle pas, Dieu me le pardonne ! aider
elle-même à l'accomplissement de ces fatals desseins ? La
nuit était noire, les ténèbres épaisses, point de péril d'être
reconnu : un orage affreux a fait rentrer chacun chez soi ;
les chemins détrempés ne donneront pas les traces des pas
des assassins ! oui ! oui ! dans cette nuit de mort, dans cette
nature troublée, noire pour l'affreux mystère ; comme vous
l'avez dit : la victime ; les assassins et Dieu seul !... mais Dieu
qui voit tout et sait tout atteindre ! !

Ah ! Permettez-moi de le dire. Les colères contre Deneubourg ne sont même pas toutes éteintes par l'horrible attentat. Le dossier de M. Procureur général contient des séries
sans nombre de lettres anonymes ou les fonctionnaires même,
ne sont pas toujours respectés. — Récemment encore, c'est
M. le maire d'Ewars qui vous l'a raconté, M. Monscourt,
deux incendies dus à la malveillance désolaient sa commune.
Dans le second des deux, une grange appartenant au frère
de Deneubourg, était dévorée par les flammes.

Qu'est-ce encore cela ?

Laissez moi vous dire encore ceci. — A l'instant même,
quand on croyait au récit de Potier, quand les gardes d'Ewars
et de Ramillies, étaient seuls avec le fils de Deneubourg,
quand on cherchait à se rendre compte. Il n'est venu à l'esprit de personne de désigner Potier ou Hoez. Le fils de Deneubourg, dont la douleur n'altérait pas la liberté d'esprit,
a désigné une personne de la commune qui n'est point ici,
il a ajouté qu'il pensait que cette personne aurait volé son
père et de fait, le vol ne s'est point réalisé, mais les assaillants
n'ont ils pu avoir peur ? être interrompus ? être effrayés de
leur crime même ? serait-ce donc la première fois qu'en un
crime la volonté s'arrêtât et défaillit ?

Dans le cabaret de Charles Lerouge à *la Montagne*, Deneubourg ne racontait il pas que deux jours auparavant, il
avait été attaqué par trois hommes, mais que la lutte n'avait
point tourné à leur honneur ? pourquoi cette attaque ? que
savons nous de son mobile, de ses détails, des auteurs même
de cet attentat ?

Ne sommes-nous pas entourés de mystères impénétrables ?

N'y a-t-il pas partout de sérieuses raisons de douter ?

Je finis, Messieurs, en me recueillant avec respect devant le grand devoir de justice que vous avez à remplir. M. le procureur général vous a loyalement mais splendidement apporté l'œuvre de son travail, de ses réflexions. J'ai cherché à en mesurer la portée, mais je ne me dissimule pas l'éclat que les fonctions redoutables qu'il remplit y ajoutent, combien le prestige de sa parole en rehausse singulièrement l'autorité. Cependant qu'avez-vous à juger . un crime sans motifs, des accusés sans antécédents. Nul témoignage direct ne vous éclaire ; nuls témoignages matériels ; ceux-ci seraient au contraire contre l'accusation. Une fable aurait été imaginée ; mais sa fausseté n'est point démontrée, on ne comprend pas l'intérêt que l'accusé avait à la faire ; la prudence ordinaire lui commandait au contraire de garder le silence, de rentrer chez lui. Menteur et assassin, cette fable lui faisait courir tous les les dangers. Nous appelons cela des indices, des présomptions des conjectures : l'accusation vous dit ce sont des preuves. Choisissez. Voilà aussi notre œuvre de travail et de conscience. Choisissez et jugez-nous. Nous avons la satisfaction du devoir accompli. Mesurez et jugez nos objections.

Deux mots encore seulement.

Sans doute il faut que la société punisse les attentats, et grand serait le malheur qui nous contraindrait à désespérer de la justice, de la raison humaine et de la sécurité du pays ; mais plus grand encore serait le malheur si le respect de l'intérêt social vous faisait oublier l'intérêt individuel. Comme le premier, il est sacré ; comme lui il doit être respecté. Pour ma part je vois un plus grand sujet de douleur dans une condamnation injuste, que dans l'impuissance constatée, d'atteindre les auteurs d'un meurtre demeuré impuni. L'erreur de justice ne se répare pas.

Oui, les intérêts de la société, cette cliente de l'accusation sont sacrés ! Mais oui encore les intérêts des individus, des familles sont aussi chers ! La vie, la liberté, l'honneur des citoyens sont aussi choses sacrées et saintes !

Condamnez, si vos convictions sont acquises ! mais osez acquitter aussi si le moindre doute vous tourmente, si la plus petite incertitude est dans vos consciences. Quelque soient vos lumières et votre courage, il ne vous est pas donné de faire œuvre de justice divine et ce n'est point manquer de force ni de grandeur qu'oser reconnaître et avouer son impuissance.

Laissez à Dieu la part qu'il n'a pas voulu nous livrer ;

Laissez au temps de pénétrer le mystère qui entoure cette nuit fatale du 24 septembre ! ah ! fasse la divine Providence, fasse votre justice que vous ne demeuriez pas insensibles aux justifications, aux prières et aux larmes de ces malheureuses victimes promises au bourreau !

Cette plaidoirie produit la plus vive émotion ; plusieurs jurés demandent une suspension d'audience, mais M. le procureur-général insiste pour que les répliques aient lieu immédiatement. Nous avons le regret de n'avoir pu les recueillir, nous dirons seulement qu'elles ont été plus vives, plus brillantes encore que les plaidoiries même,

M. le président résume les débats.

VERDICT.

Le jury, après deux heures et demie de délibération, fait connaître un verdict aux termes duquel :

Hoez est déclaré auteur du crime de meurtre sans préméditation et sans guet-apens ;

Potier complice du même crime.

Le verdict est muet sur les circonstances atténuantes.

En conséquence la Cour condamne Potier et Hoez aux travaux forcés à perpétuité.

L'audience est levée à 9 heures 25 minutes du soir.

(Reproduction interdite.)

Douai. — Imprimerie administrative de L. Crépin, rue des Procureurs, 30 et 32.

PROCÈS

DE LA VEUVE HEUTTE & DU DOCTEUR DELAY :

De Carvin (Pas-de-Calais).

(ACCUSATION DE FAUX TESTAMENTS.)

Cette affaire a une importance exceptionnelle qu'elle doit surtout à la position des accusés dont l'un, le sieur Delay, est un jeune docteur en médecine fort capable et fort intelligent, qui était parfaitement établi à Carvin, chef-lieu de canton considérable du Pas-de-Calais. L'autre accusée, la veuve Heutte a tous les abords d'une dame élégante, sa mise est d'ailleurs simple et sévère ; l'attitude des deux accusés paraît convenable.

La ville de carvin fournit le plus fort contingent des auditeurs qui remplissent aujourd'hui la salle des assises.

A l'ouverture de l'audience, M. le président, sur le réquisitoire du ministère public, ordonne que, vu la longueur des débats qu'entraînent cette affaire, il soit nommé un magistrat et deux jurés supplémentaires. Le magistrat adjoint est M. le conseiller Courtin.

Le siége du ministère public est occupé par M. Morcrette, premier avocat général.

Aux bancs de la défense sont assis Mᵉ de Beaulieu, pour la veuve Heutte, et Mᵉ Legrand, pour Delay.

Après la formation du jury, M. le président s'adresse aux prévenus et les questionne sur leurs noms, âge et position.

La veuve Heutte déclare être née à Courrières, et avoir 37 ans.

Delay, docteur en médecine, né à Aix-Noulette, est âgé de 35 ans.

Après ces formalités, M. le greffier donne lecture de l'acte d'accusation dans lequel nous relevons les faits suivants :

Le dimanche 14 avril 1861, à dix heures du soir, décédait, à Provins (Nord), un sieur Thobois à la suite d'une maladie dont il était atteint depuis le mois de janvier précédent. Le lendemain 15, vers huit heures du matin, le notaire Fréteur, de Carvin, recevait par la poste une lettre ainsi conçue :

« Monsieur Fréteur, je vous confie le testament ci-joint que vous ouvrirez à ma mort et en donnerez lecture aux héritiers. Recevez mes salutations. Signé, C.-J. Thobois. »

Cette lettre renfermait en effet une feuille de papier timbré sur laquelle était écrit ce qui suit :

« Je dispose de ma fortune en faveur des héritiers sui-
» vants : Un tiers à ma cousine Sophie Heutte, de Béthune.
» Un tiers à mes cousins Baucq et Couplet. Un tiers à la
» veuve du défunt Omer Heutte, de Carvin.
« Provins, le vingt-trois mars mil huit cent soixante-un,
» signé, C.-J. Thobois. »

Peu d'instant après Mᵉ Fréteur, ayant reçu par un domestique de la veuve Omer Heutte, avis du décès du sieur Tho-bois, partit pour Lille et déposa le testament entre les mains du président du tribunal civil.

Après l'apposition des scellés et l'inventaire auquel elle se fit représenter par un fondé de pouvoir, la veuve Heutte intenta devant le tribunal civil une action en délivrance de son legs, contre les héritiers ; ceux-ci résistèrent à cette demande et opposèrent que le testament ainsi que la lettre étaient faux. Trois experts, commis par le tribunal, confirment cette prétention et déclarent à l'unanimité qu'effectivement l'écriture de ces deux pièces n'était pas celle du sieur Thobois.

Une information criminelle fut alors ouverte et le testament ainsi que la lettre soumis à l'examen de trois nouveaux experts qui, de même que les premiers, reconnurent à des indices certains que ces deux pièces étaient fausses.

La fausseté du testament une fois établie, la culpabilité de la veuve Heutte ne pouvait être un instant douteuse, bien que les experts n'aient pas trouvé de rapport entre son écriture et celle des pièces incriminées.

Elle seule, en effet, avait intérêt à l'existence du testament produit qui l'instituait légataire pour un tiers de la fortune du sieur Thobois au préjudice des héritiers naturels de celui-ci ; elle seule pouvait donc avoir fabriqué du moins fait fabriquer les deux pièces fausses adressées au notaire Fréteur. L'instruction n'a pas tardé à confirmer les premiers indices. D'une part, en effet, la veuve Heutte n'était pas parente du sieur Thobois, bien qu'elle le traitait parfois de cousin.

La disposition bienveillante dont il s'agit s'élevait à une somme totale d'environ soixante mille francs, ne pouvant se comprendre qu'autant que le testament aurait eu, à l'égard de sa légataire, des motifs d'affection qui n'aurait pas manqué de se manifester de son vivant. A cet égard il a été établi que non seulement le sieur Thobois n'avait jamais donné à la veuve Heutte aucune marque d'amitié, mais que même il ne ressentait pour elle qu'un profond mépris à raison des relations illégitimes qu'elle entretenait avec Delay, le second inculpé. C'est toujours en ces termes qu'il en parlait aux personnes qui l'approchaient, notamment à Decarnier, son ancien ami, et à Dorlencourt, qui avait été longtemps son secrétaire alors que lui, Thobois, était maire de Provins.

Aussi chaque fois que la veuve Heutte, dans un but facile à comprendre, lui envoyait de petits cadeaux consistant généralement en pommes ou en poissons, il les recevait mal et en manifestait sa mauvaise humeur. Ces sentiments ont persisté chez le sieur Thobois jusqu'à la fin de son existence.

Le 1er avril, en effet, alors que la maladie avait déjà fait de rapides progrès, voyant passer devant la fenêtre de la chambre la veuve Heutte qui venait le visiter avec ses enfants, il n'avait pu s'empêcher de s'écrier : c'est encore elle ; et comme la domestique lui demandait s'il ne voulait pas la recevoir, il avait répondu qu'il ne la verrait que parce qu'il ne pouvait faire autrement. L'entrevue fut aussi froide que possible, il ne lui présenta pas même la main et n'embrassa pas ses enfants. C'est la dernière fois qu'il la vit et il n'est pas possible d'admettre qu'il aurait reçu ainsi celle que le 23 mars précédent, c'est-à-dire moins de huit jours auparavant, il aurait institué légataire d'un tiers de sa fortune.

Mais il y a plus, le notaire Colette, de Seclin, était son homme de confiance et receveur d'une partie de ses revenus. Le 22 mars M. Colette était venu le voir et l'ayant trouvé très souffrant, lui avait demandé s'il n'avait rien à changer à un testament qu'il lui avait remis antérieurement et qui portait la date du 6 septembre 1858. Le sieur Thobois lui avait répondu négativement en ajoutant que ses dispositions testamentaires étaient les même que celles de sa sœur Oside. Celle-ci, en effet, avait laissé toute sa fortune à son frère et pour le cas de prédécès de celui-ci, avait institué pour légataire, pour moitié, Sophie Heutte, de Béthune, Félicité Couplet, femme Baucq, les enfants et les descendants de Benoit Couplet et les enfants de Sophie Couplet, femme Allard, et pour l'autre moitié tous les cousins et cousines germaines du côté maternel.

C'est dans les mêmes termes qu'était conçu le testament de 1848, dans les dispositions duquel **Thobois** déclarait persister le 22 mars, ainsi qu'il l'avait du reste plusieurs fois dit déjà en en parlant à son ami Ducarnin.

Or ce serait le 23 mars, le lendemain même de cette entrevue avec Me Collette, que, modifiant par des motifs inexplicables toute sa manière de voir, il aurait disposé d'une partie notable de sa fortune en faveur d'une étrangère et perdu en Me Collette, son ami, la confiance dont il lui donnait encore des preuves la veille, pour la placer dans un notaire de Carvin qu'il ne connaissait pas et qu'il n'avait même jamais vu.

Il a été établi d'ailleurs, indépendamment de la preuve résultant du rapport des experts, que la lettre d'envoi accompagnant le testament ne pouvait non plus émaner de Thobois.

Elle aurait, en effet, été adressée à Me Fréteur le 14 avril puisqu'elle lui est parvenue le 15 au matin par la poste.

Or, non seulement ce jour-là, mais l'avant veille, c'est-à-dire le 12 et le 13 Thobois était dans un tel état d'affaiblissement qu'il lui était impossible d'écrire une lettre. Il reconnaissait à peine les personnes qui l'approchait, ne pouvait plus parler et ne faisait que quelques signes inintelligibles. De nombreux témoins ont déclaré qu'il ne lui eut pas été possible de donner à quelqu'un l'ordre d'aller porter une lettre à la poste, et de fait cet ordre n'a pas été donné par lui à aucune des personnes de son entourage qui ne l'ont pas quitté un seul instant pendant les derniers jours de sa maladie.

Cependant les timbres apposés sur la lettre reçue par Me Fréteur, établissent que c'est à la boîte de Provins que cette lettre a été déposée le 14 avril, c'est à dire le jour même du décès, avant trois heures après-midi, heure à laquelle le facteur rural fait la levée de la boîte dans cette commune, et il est maintenant démontré que l'envoi du testament n'avait donc pu être fait que par une main criminelle.

Quelle était cette main choisissant son heure d'une manière aussi habile, n'agissant qu'avec la certitude que le décès de Thobois arriverait entre le moment où le testament serait mis à la poste et celui où il parviendrait au destinataire, laissant ainsi supposer l'envoi fait directement par le testateur mais enlevant à ce dernier la possibilité de méconnaître son écriture. Une seule personne pouvait arriver ainsi à point nommé à prêter son concours à la veuve Heutte.

Cette personne, c'est Delay, le médecin de Thobois, qui, bien que marié lui-même, entretenait depuis longtemps avec la veuve Heutte des relations qui étaient une cause de scandale dans tout le pays.

C'est Delay, en effet, qui a soigné Thobois dans sa dernière maladie. Le 14 avril, entre 8 et 9 heures du matin, il l'avait trouvé dans un état désespéré et n'avait pas dissimulé qu'il ne passerait probablement pas la journée.

Il n'y avait donc pas une minute à perdre, et c'est sans doute en quittant le moribond qu'il aura jeté dans la boîte aux lettres de Provins le testament instituant pour légataire sa concubine. Dans la soirée du même jour, la veuve Heutte allait trouver Me Fréteur et lui demandait s'il n'avait pas eu le testament ? Par cette imprudente démarche, elle donnait la preuve que son complice l'avait mise au courant, et de l'état du moribond et de l'exécution du plan arrêté entre eux.

Ce concours de Delay aux manœuvres destinées à mettre la veuve Heutte en possession d'une partie de la fortune de Thobois résultait au surplus, jusqu'à un certain point déjà, au rapport même des experts commis pour examiner le testament sans pouvoir affirmer d'une manière certaine que les deux pièces fausses sont l'œuvre de Delay, ils ont reconnu de grandes analogies entre l'écriture des deux pièces et celle de l'inculpé, leurs constatations à cet égard se trouvent confirmées.

Par la déposition d'un témoin honorable et digne de foi, qui a déclaré tenir d'une ancienne domestique de Delay que ce dernier savait imiter toutes les écritures, que souvent il lui arrivait de copier, en l'imitant, une écriture quelconque avec une habileté telle qu'il était impossible de reconnaître l'original.

En présence des relations qui unissent les deux inculpés, leur participation à la fabrication du faux testament ne peut être douteuse.

Mais la certitude sera bien plus complète encore quand on les aura vus concourant encore une fois ensemble à la fabrication d'un autre testament.

La veuve Heutte et Delay ont à répondre en effet à une seconde accusation d'une nature identique à la première.

Le 24 mai 1859, décédait à Carvin le sieur Choquet, ancien maire de cette ville.

Le jour même du décès, Delay, qui l'avait traité pendant sa dernière maladie, remettait à M. le juge-de-paix Baras une enveloppe en papier rose cachetée avec de la cire verte, sur laquelle étaient empreintes les initiales A. C,, et portant pour inscription ces mots : « A Monsieur Baras, à Carvin »

Il faisait en outre connaître à ce magistrat que depuis quelque temps il était dépositaire de cette pièce et qu'il la tenait du sieur Choquet qui lui avait recommandé en lui demandant le secret, de la remettre à son adresse aussitôt après sa mort. Le sieur Baras ne put s'empêcher d'exprimer son étonnement de ce qu'ayant été très lié avec Choquet, dont il était le voisin, celui-ci ne lui avait pas lui-même confié cette lettre, Delay se contenta de répondre en haussant les épaules qu'il ne savait ce que cela contenait.

M. Baras ayant alors rompu le cachet, trouvait à l'intérieur de l'enveloppe une feuille de timbre à 35 c., pliée sous une bande portant ces mots : « Ceci est mon testament, conçu en ces termes :

« Cédant aux cris de ma conscience, je donne par le présent écrit, le tiers de ce que je possède , plus tout mon vin, à Omer Heutte, de Carvin, et après lui à ses descendants, qui ne pourront en user qu'au décès de leur mère, laquelle en aura la jouissance. Tel est mon dernier désir.

» Carvin, le 30 mars 1859.　　Signé : A. CHOQUET. »

Le 25 mai, le testament fut remis à M. le président du tribunal civil de Béthune, qui en ordonna le dépôt en l'étude de Me Dubois, notaire à Carvin. Convaincu qu'il n'était pas l'œuvre de leur auteur, les héritiers n'hésitèrent pas à en demander la nullité, mais des experts nommés au cours de l'instance ayant déclaré qu'il devait être émané du sieur Choquet, l'action en nullité fut abandonnée et la veuve Heutte mis en possession de son legs.

Ce n'est que lorsque l'attention fut de nouveau appelée sur cette affaire Thobois que la lumière se fit enfin complètement. Le testament Choquet, fut soumis à l'examen des mêmes experts qui avaient eu à se prononcer sur celui du sieur Thobois, ils en démontrèrent la fausseté de la manière la plus péremptoire.

L'enveloppe qui le contenait a été également soumise à leur examen et reconnue par eux comme ne pouvant pas émaner du testateur.

Le testament Choquet est donc faux comme le testament Thobois, et sa fausseté entraîne aussi comme conséquence nécessaire d'une part, la culpabilité de la veuve Heutte, dont le mari, ou à son défaut les enfants, étaient cette fois encore, institués légataires du tiers de la fortune du défunt, et d'autre part la culpabilité de Delay, puisque celui-ci prétend avoir reçu le testament des mains de Choquet lui-même.

Pour ce second testament du reste les experts ont encore trouvés de grandes analogies entre son écriture et celle de l'un des inculpés, mais cette fois c'est avec celle de la veuve Heutte elle-même.

L'écriture de l'enveloppe seule leur a paru présenter quelque ressemblance avec celle Delay.

L'instruction de son côté a pleinement confirmée par ses constatations les appréciations du rapport des experts.

Le sieur Choquet avait toujours en effet témoigné beaucoup d'affection aux divers membres de sa famille, et jamais l'idée n'a pu lui venir de disposer d'une somme aussi considérable en faveur d'étranger.

Dans le courant du mois de mars 1859, sa sœur, la dame Plichon, d'Hesdin, avait passé dix à douze jours auprès de lui et il lui avait fait part de ses dernières dispositions.

Elles consistaient en legs au doyen du bureau de bienfaisance, à l'hospice, à sa domestique, le reste, disait-il, était pour ses héritiers, il ajoutait qu'on trouverait son testament dans une armoire qu'il avait désignée, et effectivement à la levée des scellets l'exactitude de cette confidence fut vérifié.

Le neuf mai suivant, sur sa demande, la dame Plichon était de nouveau venu le voir, et il lui avait confirmé encore les dispositions dont il l'avait entretenue au mois de mars précédent, comment dès lors admettre le testament au profit de la famille Heutte. à la date du 30 mars 1859.

D'un autre côté, quinze jours à peine avant sa mort, Choquet disait à son neveu et à sa nièce qu'il recevait à sa table : « Il vous en restera beaucoup de ce vin mes amis, pour boire à mon souvenir, seulement vous trouverez une cave bien en désordre, parce que je ne puis plus y descendre depuis longtemps. » Or Choquet était incapable d'un pareil mensonge, si par un testament antérieur il avait légué tout son vin au sieur Omer Heutte, lequel d'ailleurs était déjà à cette époque dans un état de maladie tel qu'il ne pouvait plus boire.

On a bien cherché à faire croire que le testateur aurait comme on le lisait dans le testament *cédé au cri de sa conscience*, en laissant une partie de sa fortune au sieur Heutte, parce que celui-ci avait été deshérité par la dame Choquet dont il était le parent, mais il a été constaté que le mari de cette dernière n'avait profité en rien des biens que la famille Heutte avait été jugée indigne de recevoir ; que ces biens étaient passés aux autres héritiers de la femme, et qu'à cet égard Choquet n'était tenu, même en conscience, à aucune restitution.

Tout concorde donc pour établir l'invraisemblance des dispositions testamentaires contenues dans l'acte remis à maitre Barras par l'inculpé Delay.

Celui-ci du reste avait toute facilité pour se procurer de l'écriture de son malade, presque chaque jour, en effet, il seul dans entraitle bureau de Choquet pour formuler ses ordonnances, et c'est là qu'il a dû se servir du cachet marqué aux initiales de ce dernier dont l'empreinte se trouvait sur l'enveloppe contenant le testament.

Quant à cette enveloppe, non seulement on n'en a trouvé aucune de la même nuance rosée parmi les papiers du défunt ; mais il est en outre établi qu'il n'usait jamais de ce mode de fermeture, et que toujours il plaçait l'adresse sur la dernière page des lettres qu'il écrivait.

Delay était d'ailleurs parvenu à se procurer d'une autre manière une lettre du sieur Choquet.

Dans les premiers mois de 1859, alorsque l'état du malade s'aggravait notablement, il avait été question d'appeler en consultation le docteur Plichon, d'Arras, Choquet s'était chargé de lui écrire lui-même ; mais Delay avait recommandé à la domestique, Augustine Dubron de ne pas mettre directement la lettre à la poste, et de la lui apporter afin , avait-il dit, qu'il put indiquer par un post-scriptum la véritable situation du malade. La fille Dubron la lui avait en effet apportée, mais trois jours après n'ayant reçu aucune nouvelle du docteur Plichon, elle était retournée chez Delay, et celui-ci, sur ses instances, avouait n'avoir pas envoyé la lettre protestant qu'il n'avait pas osé transmettre un pareil griffonnage. A la suite de reproches de la domestique, il s'était décidé à écrire à M. Plichon qui accourait presqu'aussitôt visiter le sieur Choquet.

En admettant même que la soustraction de cette lettre n'ait pas eu pour but de l'ajouter aux nombreux corps d'écriture que Delay pouvait se procurer dans le cabinet de son client, elle établit du moins de la part de cet inculpé le désir de rester seul chargé des soins à donner au malade. Et effectivement tout dans sa conduite tendait à éloigner de Choquet les membres de sa famille. Ainsi lorsque Mme Plichon se rendait auprès de son frère « Je crois que M. Choquet serait heureux d'être seul, lui disait Delay, il reprendrait mieux ses habitudes, serait plus libre et sa santé s'en trouverait bien. » La dame Plichon s'éloignait alors n'osant enfreindre ces recommandations et à toutes les lettres qu'elle écrivait à Delay pour demander si elle pouvait revenir, elle recevait pour réponse que sa visite causerait au malade une trop grande émotion.

On retrouve chez l'inculpé la même tactique lors d'une visite faite au sieur Choquet par son neveu, M. Plichon, procureur impérial à Vervins. Delay essaie en effet de persuader à ce dernier que sa présence a fait le plus grand mal à son oncle, et il écrit en conséquence au docteur Plichon que la visite de son parent a réveillé chez le malade les accidents pulmonaires les plus graves. Toutes ces précautions avaient un but facile à comprendre ; réunis à toutes les autres circonstances révélées par l'instruction, elles établissent de la manière la plus complète et la plus évidente la culpabilité des deux inculpés.

C'est avec raison que l'opinion générale, à Carvin, et particulièrement celle des personnes qui avaient été en relation d'affaires ou d'amitié avec Choquet a été, lorsque le testament dont il s'agit fut connu, que cet acte était faux et que plus tard on s'écria lorsqu'on eut connaissance du testament Thobois : Et de deux !

On ne s'en étonna guère au surplus, car la femme Heutte n'en était pas à son coup d'essai ; on savait qu'elle s'était très fréquemment procuré de l'argent à l'aide de billets sur lesquels elle apposait la fausse signature de son mari et que ce dernier, dans les querelles de ménage qui s'en suivaient, lui avait maintes fois prédit ce qui lui arrive aujourd'hui en lui disant de manière à être entendu de nombreux témoins qui en déposent : Coquine, tu iras aux galères avec les faux billets que tu fais.

M. le président donne la parole à M. l'avocat-général. Le ministère public rappelle de droit qu'il aurait de faire un exposé général de l'affaire. Mais il n'en usera pas, car il prévoit que les débats auront déjà une longueur assez suffisante. Il se contentera de tracer rapidement le cercle dans lequel vont s'agiter les débats. Ce qu'il fait en quelques minutes.

M le greffier procède ensuite à l'appel des 65 témoins dont 3 sont morts dans le cours de l'instruction.

M. le président commence immédiatement l'audition des témoins.

AUDITION DES TÉMOINS.

M. DELESPAUL, ancien juge-de-paix à Seclin, a été l'ami intime de Thobois ; il connaissait le caractère probe et loyal de ce dernier, ses sentiments de famille, ses habitudes de vrai patriarche, son affection sincère et évidente pour ceux des parents qui se trouvent spoliés par le testament argué de faux. Sa conviction profonde est que ce testament n'a pu être l'œuvre de Thobois qui aurait, par les volontés qui y sont contenues, répudié des traditions de famille qui avaient toujours été sacrées pour le vieillard. Thobois aurait ainsi menti à toute sa vie, il aurait fait mentir toutes ses paroles et toutes ses actions qui avaient été jusque-là celles d'un homme d'une honnêteté exemplaire. Non, Thobois n'est pas mort ainsi ; il n'est pas mort en mentant à tout le monde, à sa famille, à ses amis; il a dû mourir comme meurent les bons habitants des campagnes.

Les trois témoins suivants, MM. MENU, notaire à Wavrin, BESSE et DELARUE, experts, sont absents au moment de l'appel de leurs noms. Sur les réquisitions du ministère public, M. le Président les condamne à 25 fr. d'amende. Mais cette amende est levée, dans le cours de l'audition, après les excuses valables présentées par chacun des témoins en défaut.

M. ADVIELLE, commis-voyageur à Arras, représente un négociant en vins. Il dépose que sa maison a reçu une lettre de Thobois, pour une commande de vins, quelques jours avant la date que porte le prétendu testament de Thobois. L'importance de cette lettre est dans l'emploi que l'on en a fait comme pièce de comparaison.

Mlle LEMAIRE, institutrice à Carvin, a eu chez elle une servante qui avait été précédemment chez Delay ; cette servante lui a dit un jour : « Vous savez bien écrire vous mademoiselle, mais M. Delay est bien plus capable que vous il sait imiter toutes les sortes d'écritures. » Mlle Lemaire a fait taire sa servante, elle lui a recommandé plus de circonspection, en lui disant qu'il ne fallait pas divulguer de pareilles choses parce que des propos d'une telle nature pouvaient compromettre M. Delay.

Sur une interpellation de Me Legrand, Mlle Lemaire est amenée à dire que sa servante était sortie de chez elle à un

)oque où il n'était pas encore question de faux testament.
omment se fait-il, demande le défenseur, que Mlle Le-
aire ait exprimé des craintes à l'égard d'un fait qui n'exis-
it point encore? c'était une prophétie sans doute ?...

Clémence CABOCHE, domestique à Lille, est la servante
ont il est question dans la déposition précédente. Elle op-
ose le plus formel démenti à toutes les paroles rapportées
ar Mlle Lemaire. Celle-ci est rappelée par M. le Président.
es deux témoins soutiennent respectivement la véracité de
urs dires. Les jurés apprécieront.

Me FRÉTEUR est le notaire de Carvin qui a reçu de Pro-
ins, par la poste, le testament de Thobois avec une lettre
'envoi, le lendemain de la mort de ce dernier. La veuve
leutte avait fait entendre un mois à l'avance à Me Fréteur
u'il recevrait ce testament, parce que, lui avait-elle dit,
hobois lui avait demandé l'adresse du notaire qui faisait ses
ffaires, et qu'elle lui avait donné son nom. Thobois avait
ême, ajoutait-elle, exprimé quelque regret qu'elle ne fût
lus en relations d'affaires avec le notaire Dubois. Le jour
ême de la mort de Thobois la veuve Heutte demanda à
Me Fréteur s'il n'avait rien reçu.

M. le Président, à cet endroit du témoignage, demande à
accusée comment il s'est fait qu'elle fût instruite de l'heure
xacte à laquelle le testament devait arriver dans les mains
u notaire Fréteur?

Cette question provoque de longues explications de l'ac-
usée. Elle savait qu'elle était héritière de Thobois, celui-ci
e lui avait dit; elle savait en outre que Thobois devait, cette
ois, s'adresser au notaire Fréteur; elle avait donc un inté-
êt tout naturel à s'enquérir constamment du sort d'un tes-
ament dont elle devait profiter. Elle proteste énergiquement
ontre toutes les intentions criminelles que l'on prête à ses
émarches.

M. MENU, notaire à Wavrins, est un des parents exhéré-
és par le testament prétendu faux. Il commence par donner
es renseignements généalogiques dont il est difficile de sui-
re le fil. Le point principal de sa déposition est la parfaite
ntelligence qui régnait entre sa famille et Thobois. Cette
nion a bien cessé, il y a une vingtaine d'années, à propos de
uestions d'intérêt, mais elle n'a duré que deux à trois ans,
t voilà quinze à dix-huit ans que l'amitié refaite n'a été obs-
urcie par aucun nuage de désaccord. Thobois allait dîner
hez les Menu, les Menu allaient chez Thobois. Celui-ci at-
ribuait même la confession d'une partie de ses actes à l'étude
u témoin M. Menu fait remarquer au contraire, que son pa-
ent n'a jamais donné un signe d'affection à la veuve Heutte
ui appelait Thobois son cousin, bien qu'il ne le fût pas ;
hobois manifestait même une certaine antipathie. C'est ainsi
u'il a reçu avec répugnance quelques cadeaux qu'elle lui
nvoyait et qui consistaient principalement en poison et en
outeilles de vin blanc. Cette répugnance, il l'a exprimé tout
aut ; un jour, il a même été sur le point de lui renvoyer
n de ces cadeaux. La veuve Heutte n'est venue voir Tho-
ois deux fois pendant la maladie de celui-ci. Le malade lui
fait l'accueil le plus froid ; s'il l'a reçue, c'est que, selon
on propre aveu, il ne pouvait faire autrement, et qu'il tenait

aux soins du docteur Delay. Cette animadversion de Thobois
pour la femme Heutte venait surtout du scandale que causaient les relations intimes que cette femme entretenait avec
Delay et qui n'étaient un mystère pour personne.

La veuve Heutte, répondant au témoin, le dément sur tous
les points. Elle soutient que Thobois l'aimait beaucoup, qu'il
chérissait surtout ses enfants pour lesquels son affection
avait redoublé depuis la mort de leur père ; cette affection si
vive, dit-elle, était pour moi une consolation. Quant aux bou-
teilles de vin qu'elle avait envoyées, Thobois était bien éloigné de les refuser, puisque c'est lui-même qui les lui avait
demandées.

BERLEMONT, est un domestique que les Menu auraient
soupçonné d'avoir mis le testament à la poste; ils l'auraient
enivré dans un cabaret pour lui arracher l'aveu de cette par-
ticularité du procès.

Après les dispositions peu importantes de deux clercs de
Me Fréteur, Mlle Elisa Bart et un facteur viennent déclarer
que la lettre d'envoi contenant le testament, et portant la
lettre C., a bien été jetée dans la boîte de Provins.

La femme CORDIER, journalière, est restée pendant dix
ans chez Thobois. Elle n'a vu Mme Heutte chez son maître,
pendant ce long espace de temps, qu'une seule fois d'abord,
puis deux fois pendant sa maladie. C'est dans une de ces dernières visites que Mme Heutte lui a dit de veiller sur les amis
qui venaient voir Thobois et principalement sur Decarnin un
des intimes les plus assidus et les plus anciens de la maison.
Elle lui a recommandé de l'aller prévenir en toute hâte, si
Thobois se trouvait plus mal, ou s'il mourait; elle lui a confié que Thobois venait de lui promettre de lui donner quelque chose dans son testament. Enfin la veuve Heutte lui a
donné l'assurance qu'elle lui accorderait ce qui pouvait lui
faire le plus de plaisir. La femme Cordier ayant manifesté le
désir de posséder une parcelle de terrrain pour bâtir une
petite maison, la veuve Heutte lui a promis de lui donner le
terrain sur lequel était une petite chapelle érigée par Oside,
sœur décédée de Thobois. Mais sur l'observation que fit
la femme Cordier que ce terrain devait être légué à la
fabrique de l'église par le testament de Thobois, la veuve
Heutte aurait répondu : Soyez tranquille, je sais bien le contraire, le testament de Thobois ne porte pas la cession de ce
terrain.

L'accusée proteste contre ce témoignage qui, dit-elle, dé-
nature toutes ses paroles.

Le conseil demande pourquoi la femme Cordier n'a pas parlé
de cette conversation à Thobois? Elle répond qu'elle n'a pas
osé, à cause de l'amitié de son maître pour la femme Heutte.
Il paraît étrange au conseil que le témoin, qui regardait comme irréalisable, d'après les dispositions du testament, son
désir de posséder certaine parcelle de terrain, ait fait part de
ce désir à Mme Heutte.

MARIE BURET, est également une ancienne servante de
Thobois. Elle a vu deux fois Mme Heutte venir à la maison.
Pendant la première de ces visites, elle a été constamment
présente et en tiers dans l'entretien ; elle a entendu tout ce

qui a été dit, et il n'a été nullement question de dispositions testamentaires. A la seconde visite de Mᵐᵉ Heutte, elle était également présente. Elle n'a quitté que pendant de très courts instants l'appartement ou se trouvaient Mᵐᵉ Heutte et Thobois. Pas plus cette fois que la première il n'a été question de testament. Le témoin a remarqué que Thobois ne recevait pas volontiers Mᵐᵉ Heutte. La seconde fois que celle-ci vint à Provins, quand elle passa sous les fenêtres de Thobois, celui-ci s'est écrié avec impatience : C'est encore elle ! Sur la question qu'aurait faite Marie Buret s'il fallait laisser entrer Mᵐᵉ Heutte, Thobois aurait répondu : Ah ! il le faut bien ! Les cadeaux de Mᵐᵉ Heutte répugnaient à Thobois.

Mᵉ De Beaulieu demande si le témoin a été à la messe, le jour de la mort de Thobois ? sur la réponse affirmative, le conseil dit que ce fait aura son importance dans la discussion.

M. le Président demande au témoin s'il était possible que Thobois eût donné l'ordre, le jour de sa mort, de mettre une lettre à la poste. Je pense bien que non, dit Marie Buret, et je n'ai entendu personne parler d'une commission de cette nature.

La femme LENGRAND, de Bauvin, affirme que Marie Buret, lui a dit en conversation, alors qu'elle allait lui demander un bonnet, que Mᵐᵉ Heutte était une bonne et brave femme ; Marie Buret aurait ajouté qu'elle avait bien eu l'envie d'entrer en condition chez cette dame, que Thobois lui disait souvent du bien de la veuve Heutte et qu'il récompenserait celle qu'il appelait sa cousine.

Marie Buret, rappelée par M. le Président, oppose un démenti catégorique aux paroles avancées par la femme Lengrand ; cette femme est bien venue lui demander un bonnet, mais il n'a nullement été question du sujet de conversation qu'elle rappelle, l'entretien a été d'ailleurs de très courte durée, car elle venait principalement pour chercher un sac qui lui avait été donné presque tout de suite par l'ouvrier, C'est un mensonge.

La femme Lengrand ne maintient pas moins énergiquement son affirmation. C'est Marie Buret qui ment.

POISSONNIER est un vieux domestique qui a servi Thobois pendant quarante années. Il affirme que son maître était au mieux avec les Menu, qu'il était avec eux dans la plus étroite et la plus cordiale intimité. Quant à lui, il n'a jamais vu la veuve Heutte chez son maître, mais il sait que son maître ne la voyait pas volontiers. Il a été on ne peut plus surpris quand il a connu le testament, et il est persuadé qu'avec son caractère Thobois n'a pas pu faire cela.

M. COLETTE, notaire à Seclin ; c'est dans son étude, que, de père en fils, se font les affaires de la maison Thobois depuis depuis plus de cinquante ans peut être. Il était dépositaire du testament olographe de Thobois qui avait strictement tenu à ce que ce testament fût la reproduction exacte et minutieuse de sa sœur Oside dont il vénérait extrêmement la mémoire. A quelques jours de distance du testament argué de faux, M. Colette avait vu Thobois et lui avait demandé s'il n'avait rien à modifier et surtout à ajouter à son testament ; car M. Colette avait une arrière pensée généreuse en posant cette question à Thobois ; il désirait, autant que lui permettait la délicatesse de son ministère, le mettre sur la voie de penser un peu à ses domestiques. Thobois ne comprit pas, tant elles étaient exprimées d'une façon voilée, ces innocentes insinuations, et il répéta ce qui était déjà sorti maintes fois de sa bouche : Eh : mon Dieu ! vous savez bien que mon testament est celui de ma sœur Oside ! M. Colette fait remarquer que Thobois agissait si peu légèrement dans une circonstance de la vie aussi grave que celle où il s'agit de ses dernières volonté, qu'il a voulu ajouter à son testament primitif et déposé un condicile dans lequel étaient seulement portés ses vêtements qu'il léguait aux pauvres. Or, comment voulez-vous, ajoute M. Colette, que Thobois, qui prenait des précautions pour une valeur insignifiante, ait apporté tant de légèreté dans la dispensation suprême de toute sa fortune ? Ma conviction, ajoute ce témoin, avant d'avoir vu le testament, a été qu'il devait être nécessairement faux ; cette conviction a été encore plus grande, lorsque j'ai eu sous les yeux le contenu de la pièce incriminée. Je ne pouvais pas hésiter une seconde à reconnaître cette fausseté. M. Colette connaissait intimement Thobois, il fait l'éloge de son caractère probe, honnête. Et il conclut comme tous les témoins amis de Thobois, que ce dernier eût fait un acte réprouvé par sa vie entière, s'il avait mis la main à un pareil testament ; mais cela n'est possible, ni moralement, ni matériellement.

M. GANTIER, clerc de notaire, ne fait que confirmer la déposition précédente. Laissant de côté toute déduction morale, rien qu'à l'écriture, dit-il, j'ai immédiatement reconnu la fausseté du testament.

M. COUPLET, fabricant de sucre à Marchiennes, est un des héritiers qui figurent dans le testament prétendu faux, dont les clauses lui sont plus avantageuses que celles du testament déposé chez Mᵉ Colette. Il rend compte de diverses visites qu'il a faites à son parent, pendant sa maladie. Il a remarqué un jour que Thobois avait accepté avec répugnance un pain de lièvre et des huitres que lui envoyait Mᵐᵉ Heutte ; son parent avait ajouté qu'il méprisait cette femme à cause de ses relations scandaleuses avec Delay. Le 13 avril. il était chez Thobois ; il l'a vu dans un état désespéré ; la nuit fut très mauvaise ; il y est allé le 14, à six heures et demie, et il a pressenti que les derniers moments de son parent approchaient. En entendant sonner la messe, il s'est approché du lit, il lui a dit ; Nous allons dire nos prières pour vous. Les yeux de Thobois sont devenus larmoyants, mais il ne put articuler une seule parole. Son état ne fit qu'empirer ; après la messe, il était tout à fait moribond. Il conclut donc qu'il était impossible que le malade pût donner un ordre quelconque, et spécialement celui de porter une lettre à la poste. Le témoin a la conviction que le testament est faux, que, pour faire une telle pièce, il eût fallu que Thobois ne fût plus du tout en possession de son esprit.

La dame COUPLET ne fait que répéter la déposition de son mari.

.l. Baucq, cultivateur à Marchiennes, héritier avantagé
le testament incriminé, dépose dans le même sens.

.ortin, cultivateur à Provins, voisin et ami de Thobois,
l'a vu le jour de sa mort, vient corroborer les témoignages
tendent à démontrer l'impossibilité dans laquelle Thobois
rouvait de donner un ordre à ses derniers moments.

Decarnin, cultivateur à Provins, est un autre ami de Tho-
s, qui assistait à l'arrivée de certain cadeau de la veuve
.utte. Thobois aurait dit : Il faut bien que j'accepte, à cause
médecin.

Dorlencourt, instituteur à Carvin, ancien secrétaire de
.obois, quand celui-ci était maire, dépose également que,
.our de sa mort, Thobois n'avait plus assez de connaissance
.ur envoyer une lettre à la poste.

M. Weins, curé de Provins, était présent quand Thobois
.ulut renvoyer à Mme Heutte quelques poissons qu'elle ve-
.t de lui faire apporter. Il les recevait avec répugnance
.nifeste. Thobois, dit M. le curé, avait ce jour-là, deux
.is à dîner; ne renvoyez pas le poisson, lui dis-je alors,
.rdez-'e pour régaler vos amis. C'est à cette observation
.e poisson dut de ne pas retourner à Mme Heutte.

M. Legrain, cultivateur et maire de Provins, dépose dans
.ens des témoignages précédents.

.Cinq experts de Paris viennent ensuite déposer successive-
.ent. Ce sont MM. Besse, Delarue, Durnerin, Olivier et
.sseur. Ils étaient six pour les expertises, mais le sixième,
.Oudart, est mort récemment.

.Quelques-uns de ces messieurs sont entrés dans des détails
.cessivement longs et minutieux sur l'écriture du testament
.obois rapprochée de celles des pièces de comparaison qui
.ur avaient été remises. Ces explications sont d'ailleurs con-
.nées dans un rapport qui sera mis sous les yeux de MM.
. jurés. Leurs conclusions sont l'intime conviction pour
.x que le testament n'est pas de la main de Thobois, et d'un
.re côté, l'impossibilité d'affirmer qu'il soit de la main
la veuve Heutte ou de la main de Delay.

.Après ces dépositions on entend trois témoins sur des faits
moralité. Ces témoins ont déjà figuré dans le procès de
.paration de corps entre les époux Delay. Ce sont :

Petit, menuisier à Hénin-Liétard. Il travaillait chez Delay
jour où un régiment de ligne était de passage à Carvin.
. docteur du régiment avait été logé chez Delay. Celui-ci
.voya, après le dîner, au moment de prendre le café, le
.ur Petit chez Mme Heutte, pour lui remettre un billet. Peu
.nstants après, celle-ci arriva. Delay alla lui-même la revoir, et, sous la porte, il lui donna un baiser. La veuve
.utte ayant aperçu le témoin, s'écria toute déconcertée :
.i est là ? Delay répondit : Ce n'est rien, c'est Petit.

Delay, interrogé par M. le président, reconnaît la fidélité
ces détails, mais il nie le baiser.

La femme Bauduin et Rose Godin parlent de déguisements
.e prenaient Delay et la femme Heutte pour se visiter le
.ir. Clémence Caboche, témoin déjà entendue, dément ces
.ts.

Après la lecture de la déposition de Dessart, témoin qui
est mort pendant le cours de l'instruction, M. le président
lève l'audience.

Audience du 7 février 1863.

L'audience commence à neuf heures et demie.

L'audition des témoins est reprise. On va entendre les dépositions relatives au testament Choquet, de Carvin.

M. Théry, juge de-paix de Carvin, venait de recevoir sa
nomination quand il se rendit dans cette commune pour y
chercher un logement. Il y en avait un de vacant chez la veuve
Heutte qu'il ne connaissait nullement et dont il n'avait pas
encore entendu parler. Il se rendit chez cette dame où se
trouvait Delay. La veuve Heutte laissa Delay faire les hon-
neurs de la maison, en disant que tout ce qu'il ferait serait
bien fait. Delay paraissait évidemment se trouver dans la
maison aussi à l'aise que s'il en eût été le maître. M. Omer
Heutte, le mari, était mort récemment. On détourna bientôt
M. Théry de choisir son domicile dans la maison de Mme
Heutte qui cherchait probablement à circonvenir le juge-de-
paix, en vue des événements passés et futurs. L'affaire du
testament Choquet avait mis toute la commune en émoi;
une surprise générale; c'était une accusation unanime. Le
testament était faux, telles étaient les paroles qu'on entendait
de toutes parts. Enfin, on sait comment cette affaire tomba.

Mais il y eut un réveil bruyant quand on eut connaissance
du testament Thobois; il n'y eut qu'un sentiment qui se tra-
duisit par ce cri : et de deux ! Qui a fait l'un a fait l'autre,
disait-on partout; tout cela est de la même fabrique, et l'on
ajoutait : c'est de la médecine; on faisait par là allusion au
docteur Delay qui avaient des relations bien connues avec la
veuve Heutte.

M. Barras, ancien juge-de-paix à Carvin. C'est à lui que,
le jour de la mort de Choquet, Delay apporta un pli, en disant qu'il en était dépositaire depuis quelque temps. Choquet
le lui avait confié, en lui recommandant de le remettre à son
adresse s'il venait à mourir, et en lui disant de lui rendre s'il
venait à se rétablir. Après avoir ouvert le pli, M. Barras fut
fortement étonné de ce que Choquet ne l'eût pas appelé lui-
même pour lui remettre son testament. Cet étonnement venait de ce que Barras était l'ami intime de Choquet. L'opinion
publique fut que ce testament était faux.

Le conseil de l'accusé prie M. Barras de réveiller ses souvenirs au sujet de l'impression que ce testament cause dans
le public. M. Barras dit en effet qu'après les premiers moments de surprise on songea à un acte de réparation que
Choquet aurait voulu faire en faveur d'Omer Heutte qui avait
été spolié par le testament de Mme Choquet.

M. Dubois, notaire à Carvin, parle de la surprise qui saisit tous les habitants de Carvin, en apprenant les clauses du
testament de Choquet. Une de ces clauses surtout porta
l'étonnement au comble; elle a trait au vin qui était légué à
Omer Heutte, c'est-à-dire à un homme malade, presque mo
ribond, qui est mort du reste deux mois après Choquet.

M. Alfred ROBAUT, lithographe-dessinateur à Douai, a été chargé, avec M. Flament et un autre expert, d'examiner le testament Choquet. Cette mission leur avait été confiée par le tribunal de Béthune lors de l'instance civile. Les experts ont eu pour pièce de comparaison des signatures seulement de Choquet ; cependant ils ont pu faire un travail assez complet pour pouvoir se prononcer en parfaite connaissance de cause : ils ont conclu que, dans leur intime conviction, le testament était bien de la main de Choquet.

M. DURMERIN, expert de Paris, qui a pour pièces de comparaison des lettres de Choquet, émet des conclusions contraires à celles des experts de Douai. Il dit en outre que s'il n'avait eu que des signatures pour pièces de comparaison, il eût déclaré que le testament était bien de Choquet.

M. OLIVIER, autre expert de Paris, donne les mêmes conclusions ; il avoue que l'expertise a présenté de grande difficultés dès le début, et que ce n'est qu'à la dixième vacation qu'il a pu acquérir la certitude que le testament était faux.

M. VASSEUR, troisième expert, répète ce que viennent déposer ses confrères.

Mlle FREMEAU, de Carvin, qui se trouvait chez les époux Heutte, a entendu le mari, dans un accès de colère, traiter sa femme de faussaire.

M. LIERMAIN, officier de santé à Carvin, rapporte les paroles de Mlle Fremeau. Il a entendu le mari, parlant à propos de billets créés avec sa signature, dire à sa femme : Tu iras aux galères.

Angélique VESPRAINT, bouchère à Carvin, a entendu Omer Heutte traiter sa femme de faiseuse de faux.

M. Alexandre LEGRAND, propriétaire à Carvin, ancien notaire, donnait facilement à la veuve Heutte de l'argent qu'elle lui empruntait avec des billets portant la signature O. Heutte, et il savait très bien que cette signature était faite par Mme Heutte et non par Omer. Seulement, il savait aussi qu'Omer Heutte était d'une incapacité commerciale évidente pour tout le monde. Et d'ailleurs, Mme Heutte ne cherchait pas, on le savait également, à contrefaire la signature de son mari ; elle signait de son écriture propre et sans déguisement : O. Heutte à la place de femme Heutte. D'ailleurs ses billets ne sont jamais restés en souffrance.

M. DHELLEMME, négociant à Carvin, a envoyé recevoir une obligation chez Heutte. C'est la femme Heutte qui a reçu l'employé auquel elle a dit : Je n'ai pas d'argent, j'irai payer, mais ne parlez pas de cette valeur à Omer. L'obligation a été remboursée quelques jours après.

FAUQUEUX est l'employé de M. Dhellemme qui vient confirmer le dire de son patron.

M. MASSE, receveur de l'enregistrement à Carvin, a assisté à des querelles de ménage entre les époux Heutte. Le mari a traité sa femme de coquine et de faiseuse de faux billets. Il a encore entendu ces mots : Tu iras aux galères avec les faux billets que tu fais, M. Masse demeurait chez les Heutte ; il dînait à leur table dans le courant de 1852. Pendant le dîner, on lui vola dans son appartement, un sac contenant environ dix-huit cents francs. Il a toujours soupçonné la veuve Heutte.

M. BAGGIO, maire de Carvin, avait des rapports intimes et fréquents avec Choquet. Ils plaisantaient parfois sur l'emploi des fortunes de garçons. Pourquoi faire tant d'économies ? disait le témoin à Choquet. J'aime beaucoup mes neveux, répondait Choquet. M. Baggio cite quelques faits de la vie de Choquet qui dépeignent le caractère et les intentions de cet homme droit et honnête, et il conclut qu'il est invraisemblable, impossible que Choquet ait fait le testament qu'on veut lui attribuer. M. Baggio parle de la conduite immorale des accusés. Il cite un fait : Un malade avait besoin des secours de Delay pendant la nuit ; celui-ci n'était pas chez lui, mais il fut trouvé chez la veuve Heutte, où l'on alla sonner.

PIPELARD, propriétaire à Carvin, a connu intimement Thobois et Choquet à la fois ; il les croit incapables d'avoir fait le testament en question.

M. ROUSSEL, doyen de Carvin, connaissait assez intimement Choquet, pour reconnaître qu'on a eu raison de s'étonner du testament qui est incriminé. Le legs du vin est surtout d'une excentricité qui frapperait les plus incrédules et qui donne la conviction de la fausseté du testament.

La femme DUBRON était domestique chez Choquet. Celui-ci avait manifesté le désir d'appeler en consultation M. le docteur Plichon, d'Arras. Delay avait approuvé ce vœu tout naturel, et ayant quitté M. Choquet qu'il venait de visiter, dit à la femme Dubron, lorsque M. Choquet vous aura remis une lettre pour porter à la poste, vous me l'apporterez pour que j'y ajoute quelque chose. La domestique exécuta la recommandation de Delay ; la lettre fut remise à celui-ci ; mais le docteur Plichon ne venait point. M. Choquet s'en plaignit. Le docteur vint cependant, ayant été appelé par une lettre de Delay. Qu'est devenu la première lettre qui a dû être écrite par Choquet ? L'accusation dit que Delay l'a gardée pour qu'elle lui servît de modèle pour exécuter le faux testament.

M. Delay répond que M. Choquet n'a pas écrit de lettre lui-même, que ce dernier l'avait prié d'écrire en son nom, de dépeindre sa position à M. Plichon et de lui montrer la lettre. Delay aurait alors écrit une lettre qui n'aurait pas dépeint sous sa couleur véritable la position très grave de M. Choquet, puisque cette lettre devait passer sous les yeux du malade. Et il ne fallait pas effrayer ce malade en lui apprenant que sa position était presque désespérée. Cette lettre rendue à Delay aurait été déchirée par lui, et une autre lettre plus vraie et décélant dans toute sa gravité la position de Choquet aurait été adressée à M. Plichon.

ELISA VANDAMME, cultivatrice à Gondecourt, était dans le cabinet de Delay qu'elle était venue consulter, lorsque la femme Dubron lui apporta la lettre dont il vient d'être question. Delay a enlevé de cette lettre le timbre-poste qui se trouvait sur l'enveloppe, il l'a déchirée en deux et jetée au feu.

PIPELARD, secrétaire de la mairie de Carvin, raconte ce

ue lui a dit Augustine Dubron de la lettre qu'elle avait re-
aise à Delay, et qui ne recevait point de réponse.

M. Plichon, docteur et maire d'Arras ne connaît que
Delay, depuis qu'il a été appelé à donner avec lui des soins
à M. Choquet. Il ne connaît la veuve Heutte que par la ru-
meur publique qui lui était défavorable au plus au point.
Une personne très honorable qui parlait d'elle, dans un com-
partiment de chemin de fer, disait que la veuve Heutte avait
une triste réputation d'habileté pour contrefaire les écritures ;
cette personne répéta encore d'autres bruits, entr'autres ceux
relatifs à la contrefaçon des signatures d'Omer Heutte. Il est
notoire que M. Delay tendait constamment à éloigner de
Choquet tous ses parents tous ses amis. M. Plichon s'est étendu longuement sur les sentiments de famille Choquet ; il a ter-
miné sa déposition en exprimant de graves soupçons sur certains symptômes de la maladie de Choquet.

M. Moureaux, brasseur à Vieille-Chapelle, connaissait assez Choquet pour déclarer que le testament est en complète
contradiction avec les sentiments bien connus du défunt.

Mme Julie Choquet, femme Plichon, d'Hesdin sœur du défunt, son frère lui a dit, dans une visite, qu'il avait en novem-
bre ses dispositions testamentaires ; vous les trouverez, a-t-
il ajouté, dans une armoire qu'il désigna. Je prie mes héritiers
de les exécuter ; c'est peu de chose ; en effet c'était une
somme 4,000 fr. qu'il affectait à divers legs, comme à l'église
au bureau de bienfaisance, etc. Ce papier a été trouvé. Plusieurs fois, Choquet a parlé au témoin de la part qu'il laisse-
rait au fils de Me Plichon ; il le regardait comme son enfant il
lui faisait souvent des cadeaux, parce que, disait-il, il a besoin
de représenter, tandis que moi, dans cette petite ville, je n'ai
pas de frais à faire. Choquet disait encore : il n'a pas besoin
de faire sa cave, car j'entends bien lui laisser la mienne.

Plichon, procureur impérial à Abbeville est entendu à
titre de renseignements, en vertu du pouvoir discrétion-
naire de M. le président des assises M. Plichon répète ce
que vient de dire sa mère ; il parle de l'affection toute pa-
ternelle dont M. Choquet lui a donné des preuves constantes
et des promesse qu'il lui a toujours faites. C'était véritable-
ment un second père pour moi, ajoute M. Plichon.

Les dépositions suivantes sont celles des témoins à déchar-
ge :

M. Breton, maire de Courrière, fait l'éloge de Mme Heutte
alors qu'elle était enfant et jeune fille. Rien à dire contre sa
conduite, sa moralité était parfaite. On a bien parlé de toi-
ettes et de bijoux empruntés à la garde-robe et aux écrins de
Mme Declercq pour venir au bal de la Kermesse, mais on a
su qu'il y avait bien de l'exagération dans toutes les rumeurs
de la foule.

M. Lemaire, receveur des contributions indirects à Carvin, reconnaît qu'on a été effectivement surpris du testament
de M. Choquet ; mais on a fini par penser que le testateur
pouvait bien avoir voulu faire une compensation à la spolia-
tion dont Omer Heutte avait été victime. Choquet montrait
d'ailleurs beaucoup d'affection à Omer Heutte.

M. Ducrot, banquier, a toujours reçu les billets signés
O. Heutte par Mme veuve Heutte, jamais ses billets ne sont
restés en souffrance. Dans sa pensée, il n'y avait pas de faux.
La femme remplaçait un mari notoirement incapable.

Lelong est le cabaretier chez lequel M. Menu est venu avec
Berlemont qu'on soupçonnait d'avoir mis la lettre et le testa-
ment Thobois à la poste. Il a entendu la question posée à
Berlemont qui a répondu non.

Mortreux J.-B., cordonnier à Provins, a rencontré, le
jour de la mort de Thobois, Marie Buret qui sortait de la
messe et qui lui a dit, dans une conversation : Mon Dieu, je
viens de trouver dans mon livre de messe une lettre que M.
Thobois m'a remise, il y a bien huit ou dix jours, pour jeter
dans la boîte, je l'ai oubliée et je vais la mettre tout de suite.

Devant la gravité de cette déposition, M. l'avocat-général
fait remarquer que l'on a trouvé, sur les registres, que Mortreux devait de l'argent à la veuve Heutte pour des marchan-
dises fournies, et que celle-ci dit que le témoin s'est acquitté
envers elle.

Buret, interpellée, donne un démenti aux paroles de Mortreux.

La femme Boudry, journalière à Carvin, dit que Thobois
est venu voir Mme Heutte pendant qu'elle était malade. La
voyant sur son lit, presque sans connaissance, il l'a embrassée
en disant : ce serait bien malheureux de laisser cinq enfants
derrière elle. Mais si elle meurt, j'aurais soin d'eux. Il a demandé si les Menu étaient venus la voir ; sur une réponse né-
gative, il a haussé les épaules comme pour condamner leur
conduite.

Après l'audition des témoins, qui s'est terminée à trois
heures et demie, l'audience a été suspendue pendant quelques minutes. A la reprise de cette audience, M. Morcrette,
premier avocat-général a prononcé son réquisitoire qui a duré
environ deux heures.

L'audience a été de nouveau suspendue jusqu'à 7 heures.
Pendant cette suspension, la curiosité publique s'est pour
ainsi dire encore accrue, et l'on a eu plus de peine que jamais à faire régner l'ordre dans le public.

Les plaidoiries de Me de Beaulieu et de Me Legrand ont
duré jusque vers une heure et demie du matin. Il n'y a pas
eu de réplique.

MM. les jurés, après une heure et demie environ de délibération, sont revenus avec un verdict par lequel ils déclaraient que les deux accusés étaient coupables d'avoir fait
usage d'une pièce fausse sachant qu'elle était fausse, et ad-
mettait en leur faveur des circonstances atténuantes.

En conséquence la Cour a condamné les accusés veuve
Heutte et Delay à cinq années d'emprisonnement.

En entendant sa condamnation, la veuve Heutte est tombée faible. On l'a immédiatement emportée hors de la salle.

L'audience est levée, il est trois heures du matin.

Théophile Denis.

www.ingramcontent.com/pod-product-compliance
Ingram Content Group UK Ltd.
Pitfield, Milton Keynes, MK11 3LW, UK
UKHW031758170726
13836UKWH00003B/1034